凝聚隧道及地下工程领域的

先进理论方法、突破性科研成果、前沿关键技术，

记录中国隧道及地下工程修建技术的创新、进步和发展。

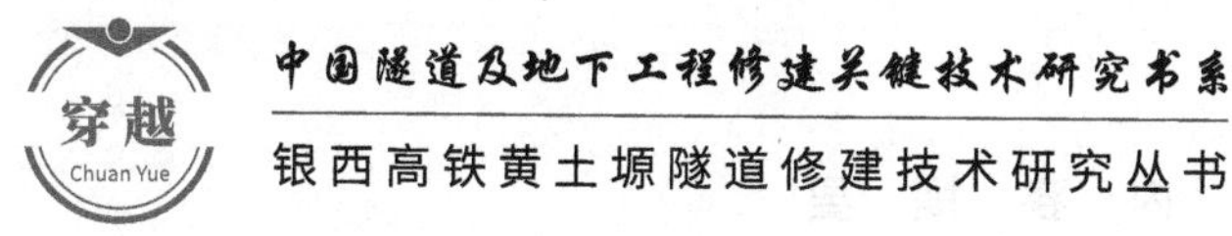

穿越不同岩性接触带
隧道修建技术研究与实践

RESEARCH AND PRACTICE OF
TUNNEL CONSTRUCTION TECHNOLOGY THROUGH
DIFFERENT LITHOLOGIC CONTACT ZONES

唐国荣　范世鸿　刘俊平　谢君泰　等　编著

人民交通出版社股份有限公司
北　京

内 容 提 要

本书为“银西高铁黄土塬隧道修建技术研究丛书”之一，基于银西高铁隧道工程研究成果和实践经验，系统总结了黄土塬区隧道修建技术。

本书针对穿越不同岩性接触带隧道支护结构力学特性，研究了穿越不同岩性接触带隧道的围岩变形特征、施工工法和支护参数，并基于不同施工参数对围岩变形和支护结构力学特性的影响程度，提出了隧道穿越不同岩性接触带时合理科学的施工技术，发展且完善了一种依据隧道岩性变化的动态施工方法。

本书可供从事隧道及地下工程的专业技术人员参考，也可供高等院校相关专业师生学习。

图书在版编目(CIP)数据

穿越不同岩性接触带隧道修建技术研究与实践 / 唐国荣等编著. — 北京 ：人民交通出版社股份有限公司，2025. 3. — ISBN 978-7-114-20159-2

Ⅰ. U455

中国国家版本馆 CIP 数据核字第 2025CU9905 号

Chuanyue Butong Yanxing Jiechudai Suidao Xiujian Jishu Yanjiu yu Shijian

书　　名：**穿越不同岩性接触带隧道修建技术研究与实践**
著 作 者：唐国荣　范世鸿　刘俊平　谢君泰　等
责任编辑：谢海龙
责任校对：孙国靖　扈　婕
责任印制：张　凯
出版发行：人民交通出版社股份有限公司
地　　址：(100011)北京市朝阳区安定门外外馆斜街 3 号
网　　址：http://www.ccpcl.com.cn
销售电话：(010)85285857
总 经 销：人民交通出版社股份有限公司发行部
经　　销：各地新华书店
印　　刷：北京建宏印刷有限公司
开　　本：720 × 960　1/16
印　　张：11.25
字　　数：246 千
版　　次：2025 年 3 月　第 1 版
印　　次：2025 年 3 月　第 1 次印刷
书　　号：ISBN 978-7-114-20159-2
定　　价：92.00 元

委员会

前言

我国的黄土地层广泛分布于甘肃、陕西、宁夏等西北地区。从贺兰山到太行山,从黄土高原到秦岭,这些区域内都分布着不同年代的黄土地层。近年来,随着我国加快对西部地区的基础建设,西部地区的铁路建设进入了一个飞速发展的新阶段。银西高铁是《国家中长期铁路网规划(2020—2035)》中福银高铁的组成部分,穿越毛乌素沙漠边缘和世界上规模最大黄土高原台区,是我国一次性建成里程最长的有砟高铁,也是“一带一路”沿线重要交通通道。

本书基于银西高铁贾塬隧道的工程实践,采用模型试验、数值模拟和现场监测相结合的方法,研究了穿越不同岩性接触带隧道中支护结构力学特性、隧道合理施工工法和关键施工参数、隧道支护参数以及动态施工技术,并在此基础上形成了适合黄土塬区内隧道穿越不同岩性接触带地层的修建技术成果。

本书共分为6章:第1章绪论,介绍了本书的研究背景,根据研究现状及依托工程的技术难点确定了主要研究内容及技术路线;第2章穿越不同岩性接触带隧道支护结构力学特性,采用现场监测、数值模拟和模型试验相结合的技术手段,分析了隧道在穿越不同岩性接触带时支护结构应力变化特征以及洞周变形规律,揭示在不同岩性接触带中大断面隧道围岩与支护结构相互作用机理,并为后续的合理施工工法及支护体系研究奠定基础;第3章穿越不同岩性接触带隧道施工工法和参数,结合实际施工过程中不同岩性接触带的工程地质条件,根据模型试验和数值模拟结果提出了贾塬隧道穿越不同岩性接触带地段的适宜性施工工法,并对循环进尺、上台阶高度等施工参数对隧道施工的影响进行了研究;第 4 章穿越不同岩性接触带隧道支护参数,从保证隧道支护体系稳定的前提出发,对穿越不同岩性接触带的大断面隧道支护参数进行系统分析,并采用模型试验和数值模拟两种不同的方法确定了长段落穿越不同岩性接触带隧道的合理支护参数;第 5 章穿越不同岩性接触带隧道施工技术,将理论研究成果与现场施工技术相结合,创新性地提出了动态施工方法,并对施工参数和支护参数进行了相应的优化,在现场施工中取得了良好的成效;第 6 章总结与展望。

本书可作为黄土塬区隧道施工人员的指导用书,对类似穿越不同岩性接触带的隧道工程具有一定的借鉴意义。由于编者水平有限,书中难免存在不足和不妥之处,诚恳希望各位同行和读者批评指正。

作　者

2021 年 9 月

目录

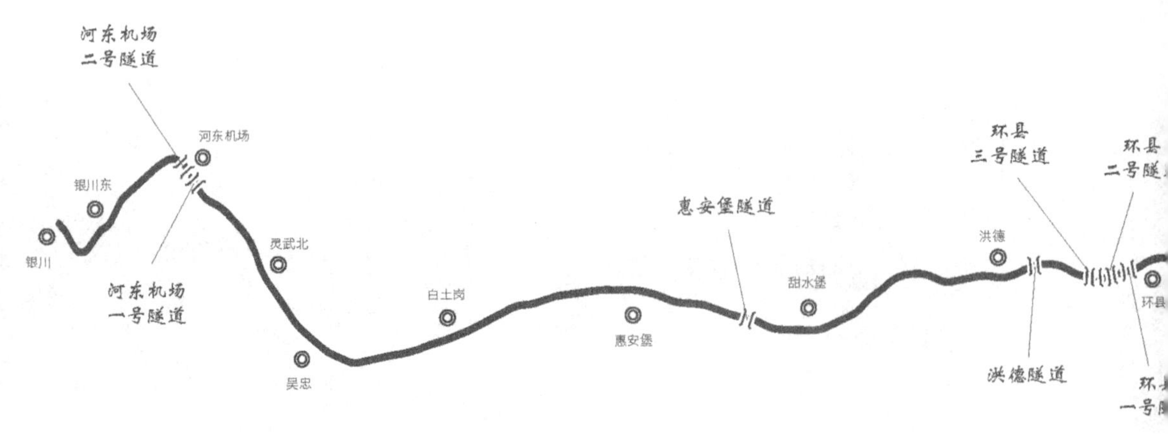
河东机场
二号隧道
河东机场
银川东
银川
灵武北
河东机场
一号隧道
吴忠
白土岗
惠安堡
惠安堡隧道
甜水堡
洪德
环县
三号隧道
洪德隧道
环县

第1章

绪论

早胜
三号隧道
早胜
二号隧道
早胜
一号隧道
永乐隧道
西安北
庆城
庆阳隧道
小章隧道
咸阳北塬
庆阳机场隧道
田塬隧道
永平隧道
宁县
新永寿隧道
贯塬隧道
干堡隧道
庆阳
礼泉南
宁县二号隧道
彬县东
乾县
驿马隧道
彬东隧道
宁县三号隧道
徐家店隧道
永寿西
上阎村隧道
郭村隧道
岭上隧道
邵山隧道

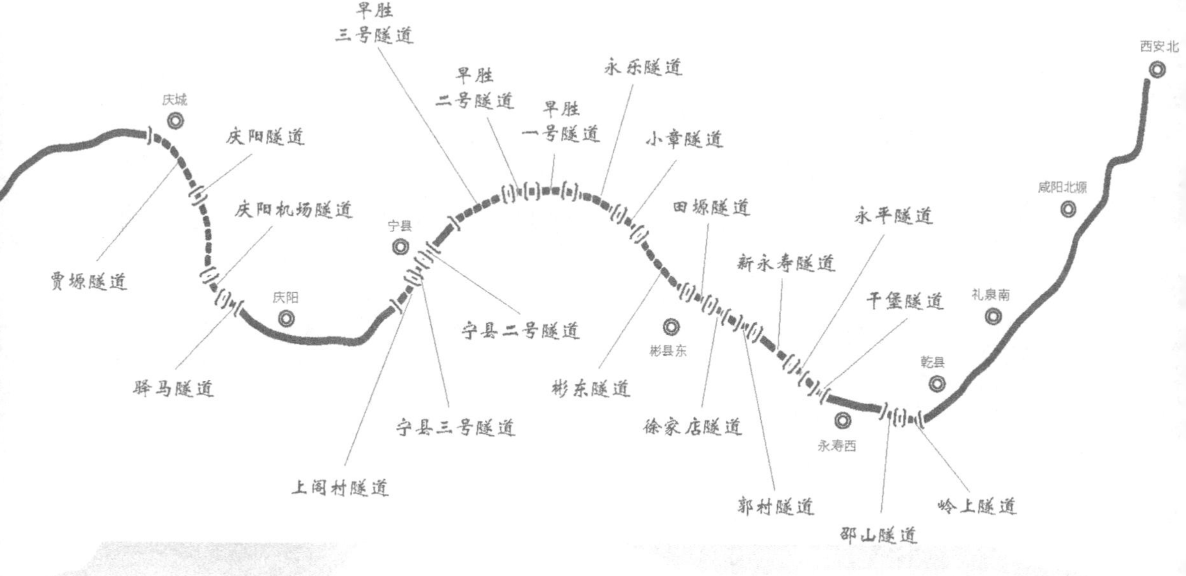

近年来，随着国家基础建设规模不断扩大，铁路、公路等建设逐渐由平原往山区发展，隧道工程的修建规模逐渐增大。同时，隧道施工面临的地质条件也越来越复杂，技术挑战越来越多，施工、运营安全问题也日益突出，这无疑给隧道修建提出了更严格的要求。

1.1 研究背景与意义

隧道修建需要考虑众多因素，其中地质因素是基本因素之一。在众多地质类型中，土石分界地层是隧道修建中常遇到的特殊地质情况。受风化作用影响，地表向下形成了不同风化壳，不同风化带在厚度和岩体特性上存在很大差别。当隧道穿越不同风化带或风化类型区域时，常出现土石分界、软硬不均地质条件。在此种地质条件下，隧道开挖常常会引起掌子面或前方围岩变形、支护结构受力不均匀，如果支护不当可引起围岩塌方或支护开裂等灾害，造成工期延误、经济损失甚至人员伤亡。因此，研究穿越不同岩性接触带隧道支护结构的力学特性以及隧道的合理施工工法具有十分重要的现实意义，可为保证隧道施工与运营安全及为其他类似工程提供一定的参考和依据。

在黄土塬区修建大断面隧道时，常出现穿越多种不同岩性接触带的情况，有时会遇到穿越长度上百米的长段落不同岩性接触带。不同岩性接触带围岩上下软硬不均、自稳能力差，会导致隧道支护所承受围岩压力分布不均，可能使支护结构局部受力过大而产生裂缝；同时由于围岩条件不同，隧道洞周会产生不均匀变形，导致施工困难，延误工期，甚至威胁施工人员生命安全。因此，分析不同岩性接触带地层中的隧道支护结构力学特性和合理的施工工法是保证黄土区域内工程顺利和安全施工的基础。

在目前国内外对长段落不同岩性接触带大断面黄土隧道施工技术研究还不充分的情况下，有必要针对于此类条件下的隧道施工技术开展深入的研究。

本书以银西高铁贾塬隧道为依托工程，主要通过资料调研、理论分析、室内数值模拟、模型试验及现场监测等多种研究手段，对线路部分区段穿越不同岩性接触带隧道施工关键技术开展研究，从而为黄土塬区高速铁路隧道的安全、快速施工提供保障。

依托工程概况

贾塬隧道经过甘肃省庆阳市庆城县蔡家庙乡及马岭镇，隧道最大埋深约260m，最小埋深14m，总长约11860m。设计为双线单洞，是银西高铁的控制性工程。

1.2.1 工程地质条件

贾塬隧道穿越世界最大黄土塬——董志塬。该塬区横跨庆阳市四县区，是面积最大、土层最厚、保存最完整的黄土塬区。隧道主要经过董志塬边缘黄土梁峁沟壑区，地形破碎，冲沟发育，隧道洞身地层主要为第四系中更新统风积砂质黄土、第三系红黏土、白垩系砂岩。不良地质主要有滑坡、错落、溜坍及黄土陷穴。

根据贾塬隧道现场调研和地质勘察资料，线路主要穿过黏质黄土（Q_2^{eol3}）、红黏土（N_2^{Cr}）、砂岩夹泥岩（K_1^{Ss+Ms}）地层，地层岩性表述如下：

（1）黏质黄土（Q_2^{eol3}）：褐黄色和棕黄色为主，厚度为50～180m，成分以粉粒为主，土质均匀，针状空隙发育，土体较致密，具直立性，夹有多层古土壤层，可见白色钙质菌丝，底部常具姜石层，硬塑，局部软塑。

（2）红黏土（N_2^{Cr}）：棕红色，厚5～61.4m，成分以黏粒为主，结构紧密，土质硬，可见灰黑色铁锰质斑点或条纹，局部含白色网状钙质菌丝，硬塑。

（3）砂岩夹泥岩（K_1^{Ss+Ms}）：砂岩，青灰色～灰白色，成分以石英、长石、云母为主，泥质胶结，粉细粒结构，层状构造；泥岩，棕红色，成分以黏土矿物为主，泥质胶结，泥质结构，中厚层状构造。

1.2.2 水文地质条件

贾塬隧道不同岩性接触带地层中地下水主要以孔隙水和基岩裂隙水两种方式存在。孔隙水在砂性土中相对较丰富，接受大气降水补给，但由于径流排泄不畅，水量相对贫乏。裂隙水以碎屑岩裂缝水为主，接受大气降水、地表水和其他水源的补给，水力梯度大，排泄运移速度快。

1.2.3 隧道区段围岩分级

贾塬隧道围岩分级见表1-1。隧道通过Ⅳ级围岩段落长7910m，占66.7%；通过Ⅴ级围岩段落长3950m，占33.3%。

贾塬隧道围岩分级 表1-1

编号	里程范围	长度(m)	埋深(m)	洞身地层	围岩分级	主要工程地质问题	建议工程治理措施
1	DK274+920~DK275+095	175	<50	黏质黄土，硬塑	Ⅴ	隧道进口位于溜坍后缘，易失稳；洞身浅埋，黄土易变形、塌方；洞身位于地下水位附近，渗水	坡面整治处理，加强边、仰坡防护及防排水措施；加强洞内支护及防排水措施；加强超前地质预报及拱顶沉降监测
2	DK275+095~DK276+280	1185	>100	黏质黄土，硬塑	Ⅳ	黄土易变形、掉块、坍塌；渗水	做好洞内支护及防排水措施
3	DK276+280~DK276+400	120	<100	黏质黄土、红黏土，硬塑	Ⅴ	岩性分界，软硬交替，土体易变形、坍塌、塌方；渗水	加强洞内支护及防排水措施；加强超前地质预报及拱顶沉降监测
4	DK276+400~DK278+195	1795	>100	红黏土，硬塑	Ⅳ	红黏土易变形、掉块、坍塌；渗水	做好洞内支护及防排水措施
5	DK278+195~DK278+865	670	>100	红黏土，硬塑，砂岩，强风化~弱风化	Ⅳ	土石分界，软硬交替，红黏土易变形、坍塌、塌方；砂岩易掉块、坍塌、塌方；渗水	加强洞内支护及防排水措施；加强超前地质预报及拱顶沉降监测
6	DK278+865~DK284+095	5230	>100	砂岩，弱风化，砂岩夹泥岩，弱风化	Ⅳ	拱顶砂岩厚度为15~25m，砂、泥岩易掉块、坍塌；渗水	做好洞内支护及防排水措施
7	DK284+095~DK286+780	2685	<100	黏质黄土、硬塑，红黏土，硬塑，砂岩夹泥岩，强风化~弱风化	Ⅴ	隧道出口浅埋，地表冲沟及不良地质发育，最小埋深14m，土石分界，岩性分界，软硬交替，黏质黄土、红黏土易变形、坍塌、塌方；砂、泥岩易掉块、坍塌、塌方；渗水	加强洞内支护及防排水措施；加强超前地质预报及拱顶沉降监测

1.2.4 不同岩性接触带情况

根据设计资料，贾塬隧道3次长段落穿越不同岩性接触带，分别为：长380m的黏质黄土—红黏土的接触带；长282m的红黏土—砂岩夹泥岩的接触带；长981m的黏质黄土—红黏土—砂岩夹泥岩相互交错的接触带。

图1-1所示为现场调研地层特征，不同岩性接触带处围岩上软下硬，开挖后空间效应明显，易产生蠕动变形，隧道不易形成自然拱，即使小坍塌也会危及隧道的整体稳定；不同岩性接触带处地下水易汇集，上部软弱围岩受水浸泡饱和、软化，承载力降低，同时流水易带走围岩细颗粒，造成掌子面失稳。下伏基岩施工爆破振动易引起上部的支护结构破坏及围岩应力变化，引发塌方，增加施工难度。

a)红黏土—砂岩夹泥岩接触带

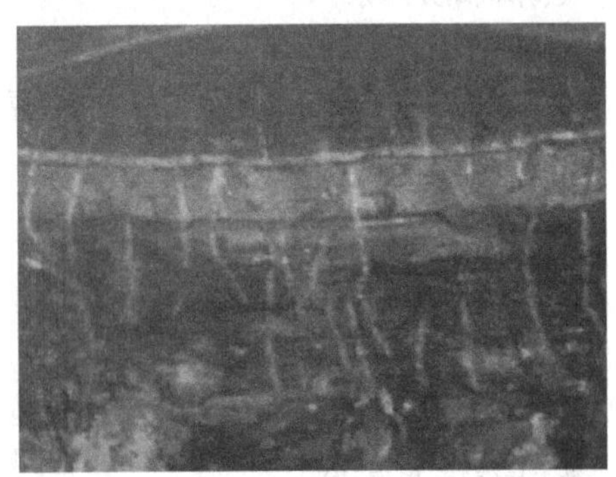

b)砂岩夹泥岩地层

图 1-1

c)红黏土地层

图 1-1 现场调研地层特征

3 种不同岩性接触带区段分布如图 1-2 所示。

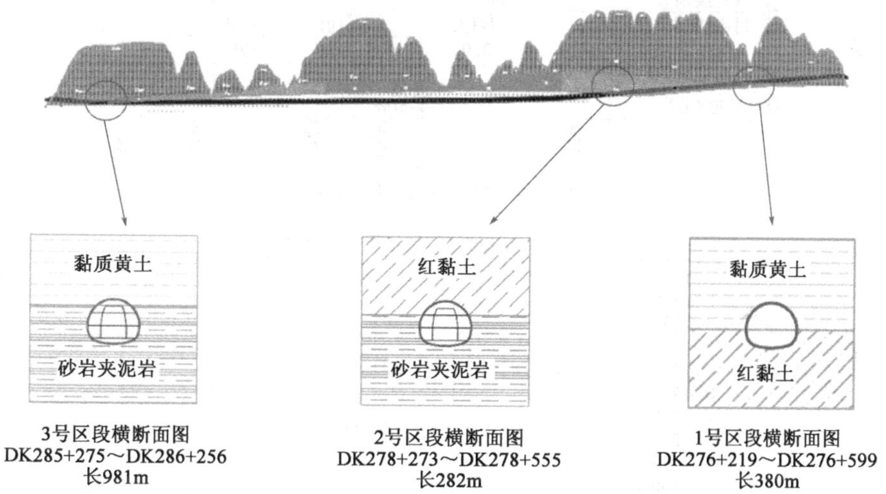

图 1-2 贾塬隧道穿越不同岩性接触带区段分布

1 号区段位于 1 号斜井的小里程方向，里程数为 DK276 + 219 ~ DK276 + 599，长 380m，洞身从第三系红黏土（N_2^{Cr}）地层进入第四系中更新统黏质黄土（Q_2^{eol3}）地层，如图 1-3 所示。第三系红黏土分布于梁塬下部，Ⅲ级硬土，$\sigma_0 = 300\text{kPa}$，Ⅳ级围岩。第四系中更新统黏质黄土分布于梁塬中部，Ⅲ级硬土，硬塑，$\sigma_0 = 180\text{kPa}$，Ⅳ级围岩；软塑，$\sigma_0 = 120\text{kPa}$，Ⅴ级围岩。

2 号区段位于 1 号斜井的大里程方向，里程数为 DK278 + 273 ~ DK278 + 555，长 282m，洞身从第三系红黏土（N_2^{Cr}）地层进入白垩系上统砂岩夹泥岩（K_1^{Ss+Ms}）地层，如图 1-4 所示。第三系红黏土分布于梁塬下部，Ⅲ级硬土，$\sigma_0 = 300\text{kPa}$，Ⅳ级围岩。白垩系上统砂岩夹泥岩地层，Ⅳ级软石，强风化，层厚 3～6m，$\sigma_0=400\text{kPa}$，弱风化，$\sigma_0=600\text{kPa}$，Ⅳ级围岩。

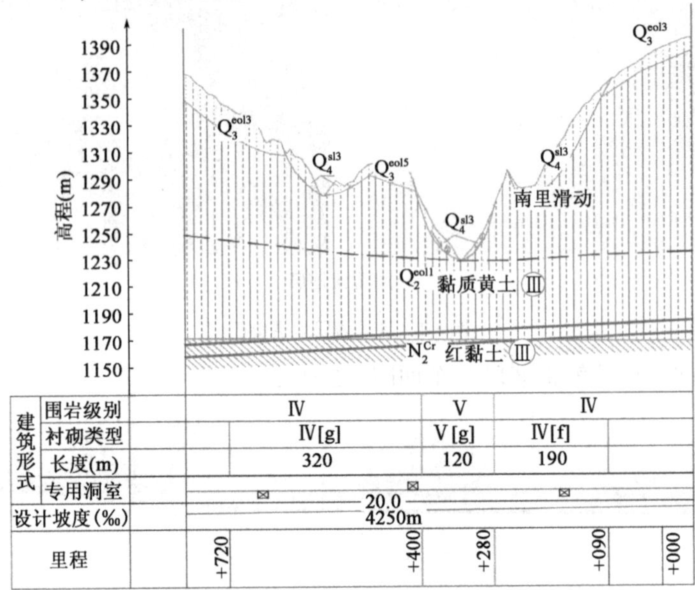

图 1-3　1 号区段隧道纵断面示意图

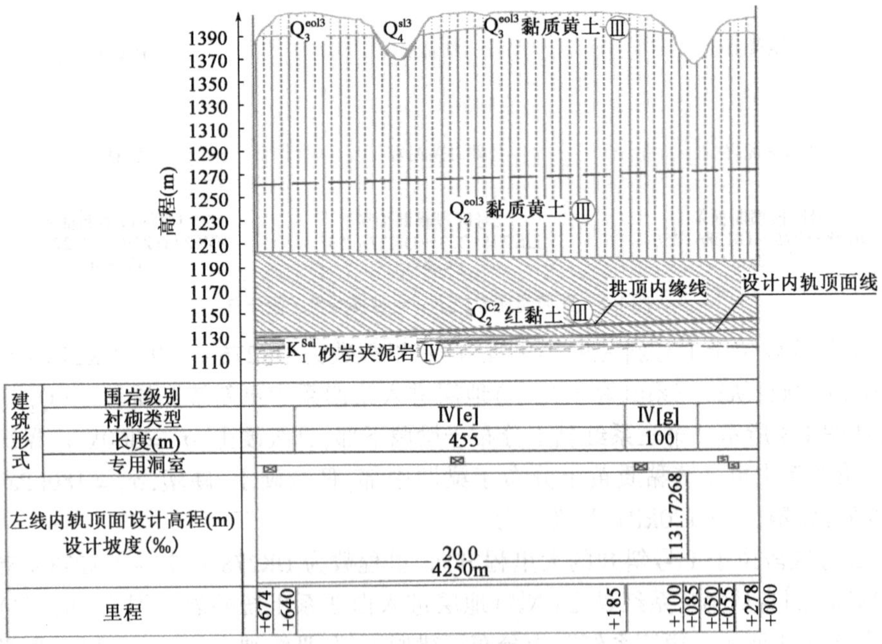

图 1-4　2 号区段隧道纵断面示意图

3 号区段位于出口段的小里程方向，里程数为 DK285 + 275 ~ DK286 + 256，长 981m。洞身从黏质黄土（Q_2^{eol3}）地层进入砂岩夹泥岩（K_1^{Ss+Ms}）地层，如图 1-5 所示。第四系中更新统黏质黄土分布于梁塬中部，Ⅲ级硬土，硬塑，$\sigma_0 = 180kPa$，Ⅳ级围岩；软塑，$\sigma_0 = 120kPa$，Ⅴ级围岩。白垩系上统砂岩夹泥岩地层；Ⅳ级软石，强风化，层厚 3 ~ 6m，$\sigma_0 = 400kPa$，弱风化，$\sigma_0 = 600kPa$，Ⅳ级围岩。

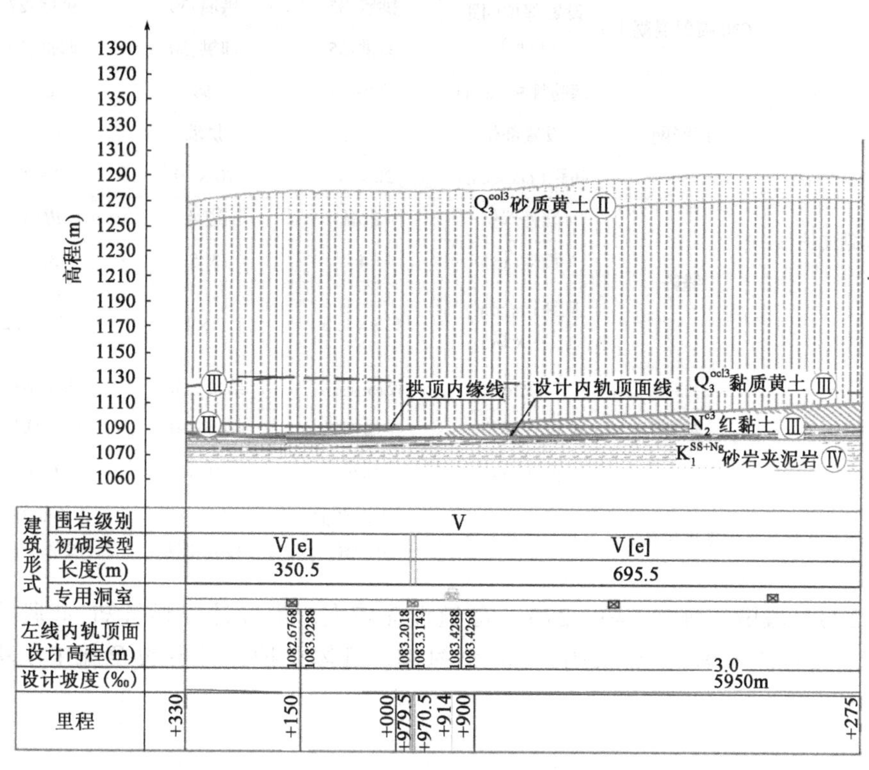

图 1-5 3 号区段隧道纵断面示意图

1.2.5 隧道支护参数及施工工法

1 号区段隧道埋深 20 ~ 150m，线路通过滑坡群，其中在 DK276 + 330 沟心处，隧道埋深最浅约 20m，且存在两个滑坡。根据设计资料，沟心前后 120m 采用Ⅴ[g]型衬砌；沟心的大里程一侧采用Ⅳ[g]型衬砌；沟心的小里程一侧采用Ⅳ[f]型衬砌。具体支护设计参数及施工工法见表 1-2。

1 号区段隧道支护参数及施工工法　　表 1-2

衬砌类型			V[g]	Ⅳ[g]	Ⅳ[f]
预留变形量(cm)			20	15	15
二次衬砌	拱墙厚度(cm)		60	50	50
	仰拱厚度(cm)		70	60	60
初期支护	C30 喷射混凝土	设置部位间距(cm)	拱墙:35	拱墙:30	拱墙:27
			仰拱:35	仰拱:30	仰拱:30
	钢筋网	钢筋规格(mm)	双层 φ8	φ8	φ8
		设置部位	拱墙	拱墙	拱墙
		间距(cm×cm)	20×20	20×20	20×20
	锚杆	设置部位	边墙	边墙	边墙
		长度(m)	4	3.5	3.5
		间距(m×m)(环×纵)	1.2×1.0	1.2×1.2	1.2×1.2
	钢架	规格	I22a 型钢	I22a 型钢	I20a 型钢
		设置部位	拱墙仰拱	拱墙仰拱	拱墙仰拱
		间距(m)	0.6	0.8	0.8
施工工法			三台阶临时仰拱法	三台阶预留核心土法	三台阶预留核心土法

2 号区段隧道埋深 240～270m,隧道埋深较大。由设计资料可知,此段接触带围岩按Ⅳ级考虑,主要采用Ⅳ[e]型衬砌。具体支护设计参数及施工工法见表 1-3。

2 号区段隧道支护参数及施工工法　　表 1-3

衬砌类型			Ⅳ[e]
预留变形量(cm)			10～15
二次衬砌	拱墙厚度(cm)		50
	仰拱厚度(cm)		60
初期支护	C25 喷射混凝土	设置部位间距(cm)	拱墙:27
			仰拱:27
	钢筋网	钢筋规格(mm)	φ8
		设置部位	拱墙
		间距(cm×cm)	20×20

续上表

衬砌类型			Ⅳ[e]
初期支护	锚杆	设置部位	边墙
		长度(m)	3.5
		间距(m×m)(环×纵)	1.2×1.2
	钢架	规格	I22a 型钢
		设置部位	拱墙仰拱
		间距(m)	0.8
施工工法			三台阶预留核心土法

3 号区段隧道埋深变化不大,约 170m。由于地层条件较为复杂,设计支护参数时围岩考虑为Ⅴ级,主要采用Ⅴ[e]型衬砌。具体支护设计参数及施工工法见表 1-4。

3 号区段隧道支护参数及施工工法　　表 1-4

衬砌类型			Ⅴ[e]
预留变形量(cm)			15~20
二次衬砌	拱墙厚度(cm)		60
	仰拱厚度(cm)		70
初期支护	C25 喷射混凝土	设置部位间距(cm)	拱墙:35
			仰拱:35
	钢筋网	钢筋规格(mm)	双层 ϕ8
		设置部位	拱墙
		间距(cm×cm)	20×20
	锚杆	设置部位	边墙
		长度(m)	4
		间距(m×m)(环×纵)	1.2×1.2
	钢架	规格	I22a 型钢
		设置部位	拱墙仰拱
		间距(m)	0.6
施工工法			三台阶临时仰拱法

研究现状

我国众多学者在黄土隧道的研究方面做出了许多贡献,极大地推动了黄土隧道相关技术的发展。而目前国内外对穿越不同岩性接触带隧道施工关键技术问题的研究还处于起步阶段,尤其是针对穿越不同岩性接触带地层大断面隧道的支护结构力学特征和变形机理的研究较少。

1.3.1 大断面黄土隧道施工研究现状

黄土隧道的研究是以黄土的工程地质性质研究成果为基础,借鉴、吸收了石质隧道和其他土质隧道的成熟理论而逐步形成自己的体系。

国内学者对黄土地区的工程地质特性开展了大量的试验及研究工作。郭增玉、张朝鹏等研究探讨了宝鸡火车站地下商场工程高湿度 Q_2 黄土的非线性流变本构模型和参数。该工程是首次在西北黄土地区推广逆作法施工的地下人防工程,结构与施工设计主要采用工程类比法。苗天德运用微结构突变失稳假说,将体积湿陷与剪切湿陷统一到同一突变模式,建立了湿陷性黄土变形的本构关系,对黄土的湿陷性变形机理进行了深入研究。乔春生对饱和状态下黄土隧道的变形规律进行了研究,发现在隧道开挖的前 3d 内变形快,随后变形速率减小,当掌子面距监测断面 35m 左右时变形才开始趋于稳定。梁燕对陇西自重湿陷性黄土进行了研究,通过湿陷性黄土变形过程中变形与受力耦合这一理念,建立了黄土湿陷性变形的数值模型。刘祖典等基于大量的室内三轴试验研究,总结得出了不同时代原状黄土的应力—应变关系类型,主要分为脆性破坏型、理想塑性型、塑性破坏型。周凤玺等基于广义塑性力学原理引入了增湿软化模型 ZSM 体,建立了可以考虑湿陷体变和切变的湿陷变形增量本构模型。夏旺民等基于黄土增湿加载试验研究,从能量的角度提出了可以考虑含水率和饱和度的黄土加载损伤演化方程和以塑性功为硬化参数的椭圆形塑性加载函数,最终建立了黄土的弹塑性增量本构模型。

此外,还有一些学者从工程实际角度出发,通过模型试验和数值模拟的方法研究了黄土湿陷对隧道等地下结构的影响。翁效林等通过离心模型试验研究了湿陷性黄土地层浸水湿陷对地铁隧道结构的影响，发现隧道基底土层不均匀浸水湿陷会明显改变衬砌结构的受力状态，使衬砌拱顶受拉、拱底受压，拱顶所受附加压力约为拱底的3倍，为受力最不利位置。黄训洪和田少敏等对黄土隧道地基局部湿陷和隧道环向局部湿陷对衬砌结构的受力变化规律进行了研究，提出了地基浸水湿陷破坏模式，并且给出了衬砌不同部位的受力变化规律。邵生俊等分析了侧限压缩条件下湿陷性黄土的增湿变形特性，从而建立起了可以考虑加载和增湿耦合作用下的切线压缩模量与含水率和压缩应力的变化函数，这为湿陷性黄土隧道地基可能存在的湿陷性评价提供了一种有效途径。赵占厂对黄土隧道围岩浸水时的受力和变形特性进行了有限元分析，得出土体局部浸水会导致围岩压力明显增大和加剧衬砌结构的劣化开裂。王强等采用 FLAC 3D 软件分析了黄土隧道围岩浸水条件下地基的湿陷变形和附加应力的变化规律，并对比分析了降雨入渗和地下水位上升两种工况，发现前者影响更大。

也有部分学者对黄土地质区内修建隧道的相关技术方案开展了一定的研究工作。李宁、朱运明、谢定义等针对南水北调中线工程穿黄连接段大断面饱和黄土隧洞的成洞条件问题，应用岩土工程软件对几种可能的方案进行了施工仿真试验研究。研究认为，新奥法施工以调动围岩自身的承载能力，减少支护衬砌的工作荷载为宗旨，其成洞条件应从围岩应力、变形与支护结构的内力强度上同时加以考虑。其研究结果表明：①新奥法施工方案在该大断面高水头饱和黄土围岩中能够成洞，只需紧跟掌子面喷护等形成柔性支护圈即可维持围岩稳定；②双洞中心相距2.5倍洞径时应力与变形的相互影响小于5%；③双洞合一的掏槽一次永久衬砌方案也可成洞，且施工技术要求最低，但洞周变形最大；④双洞合一的预制混凝土超前压桩衬砌方案虽施工工艺复杂，但却能最大限度地限制围岩变形（最大沉降小于10mm）。

大断面黄土隧道的围岩压力有其自身的特点，国内学者进行了大量的现场试验，在系统分析现场数据的基础上得到了大量的研究成果。赵占广、来弘鹏现场测试了浅埋黄土公路隧道衬砌受力，研究了围岩压力的分布形式和时间效应下的变化规律。研究表明：①边墙及拱部围岩压力变化趋势为先增大后减小，最后趋于稳定；②围岩压力在拱部呈现"猫耳朵"分布形状较为明显，仰拱所受围岩压力较小。赖金星等依托大有山黄土隧道工程，从支护受力的时间分布、空间分布、计算方法等方面进行对比验证，系统地研究了围岩压力、初期支护与二次衬砌接触压力及二次衬砌和仰拱混凝土应变，发现围岩压力从埋入到数据稳定需要60d左右，理论计算值与实测值存在较大误差；不同埋深、不同土质的围岩压力呈现不同的特点，其中浅埋段边墙受力较大、仰拱受力较小，深埋段拱顶和左拱肩处围岩压力最大。王明年等在理论分析和现场测试的研究基础上，推荐采用太沙基理论计算大断面深埋黄土隧道的围岩压力；同时，在分析实测围岩压力的垂直与水平分量的基础上，确定了垂直方向与水平方向围岩压力计算图示。杨建民等研究了大断面黄土隧道深浅埋分界及深浅埋围岩压力计算方法，得到了大断面黄土隧道深浅埋分界深度为 40 ~ 60m，确定了浅埋黄土隧道采用修正的谢家烋理论公式和深埋黄土隧道采用太沙基理论公式，指导了郑西高速铁路黄土隧道的设计与施工。来弘鹏等依托西安地铁 2 号线工程，对黄土地区三连拱地铁隧道及浅埋暗挖地铁隧道围岩压力、初期支护与二次衬砌接触压力及各测试部位围岩压力随施工进展的变化规律进行研究，得到了围岩压力分布不均匀且边墙底部承受大部分垂直压力，二次衬砌在初期支护未稳定时施作，承受了大部分围岩压力的结论。赵勇调研日本龟浦隧道围岩纵向变形规律并分析了现有研究成果，提出了控制围岩变形的技术措施、技术要点及相应的围岩变形控制建议，并且得到了施工影响下黄土隧道围岩的纵向变形规律。

在大断面黄土隧道施工研究方面，赵东平通过分析大量关于大断面黄土隧道变形实测资料后发现：①大断面黄土隧道开挖后会出现拱部整体下沉；②拱顶沉降大于水平收敛；③隧道初期支护闭合后隧道周边位移基本不再发展；④在考虑变形量保证率的情况下，建议Ⅳ级围岩黄土预留变形量为 10 ~ 15cm，Ⅴ级围岩黄土预留变形量为 25 ~ 28cm。扈世民对兰渝铁路大断面黄土隧道采用三台阶预留核心土法施工引起的变形进行分析，发现拱部竖向位移弱化较慢、边墙处水平位移弱化较快、拱部沉降普遍大于水平收敛。席浩分析了宝兰高速铁路苏家川大断面黄土隧道采用三台阶临时仰拱法施工引起的变形，发现第三系砂质黄土Ⅴ级围岩的条件下预留变形量可取 12 ~ 16cm，认为隧道埋深和施工方法是大断面黄土隧道变形控制不可忽略的因素之一。薛晓辉等结合乔原隧道的工程实际情况，利用二重管无收缩双液注浆加固技术对富水黄土地层进行注浆加固，并对注浆效果进行了详细评价。黄帆结合长道隧道出现的地质灾害，通过室内试验、室外注浆模拟试验、数值模拟以及现场监测等手段研究了水泥—水玻璃注浆主要注浆参数及在黄土隧道富水段的注浆效果。

1.3.2 穿越不同岩性接触带隧道施工技术研究现状

在穿越不同岩性接触带隧道施工措施研究方面，许多学者对地铁盾构法施工所遇软硬不均地层时的施工措施进行了研究，而对矿山法修建隧道所遇土石分界地层的施工措施研究较少。

石常艳以蒙西至华中地区铁路(现称“浩吉铁路”)工程为例,对隧道存在连续土石分界面地质条件下的专项技术方案进行了详细叙述。这些专项技术方案有效预防了塌方、变形等地质灾害的发生。王丽庆结合某穿越富水土石分界地层的隧道施工措施,揭示了隧道区地质情况,并对土石分界地层隧道特点进行分析,为类似工程提供借鉴。秦利平结合施工实践对大断面铁路隧道的土石分界地段施工技术进行介绍,分析了隧道施工中注浆、爆破、开挖等施工技术。朱望瑜结合太中银铁路土石分界地层隧道项目,通过数值模拟计算,分析不同开挖参数对隧道稳定性的影响;并对注浆技术在治理土石分界地层裂隙水问题中的应用进行了简要介绍。熊良宵等利用 FLAC 3D 软件对隧道穿越地质不同地质界面,由硬岩向软岩掘进或由软岩向硬岩掘进时围岩变形特点进行研究,同时分析侧向、纵向应力和交界面倾角对围岩变形的影响规律,以防止施工过程中围岩突变引起围岩失稳。蒋超采用 ANSYS 软件模拟了隧道施工力学行为,结果显示土石分界地层围岩力学性质的差异是其灾害发生的原因之一,根据模拟结果,提出了某隧道进洞时出现塌方的解决方案,并在实践中得以运用。赵艳纳、何俊辉利用 FLAC 3D 软件对土石混合岩体破碎带进行围岩稳定性分析,并与实际工程相比较,证明了软件分析的可行性。

针对隧道穿越不同岩性接触带的施工工法方面,部分学者通过现场监测和数值模拟的方法得出适宜土石分界地层中隧道的合理施工工法。牛晓凯针对石门山隧道软硬不均地层段开挖技术进行了研究,通过实践证明机械开挖和爆破开挖组合的方法可有效解决软硬不均地层施工难问题,并通过工程实例对岩体爆破进行分析探讨。戚长军等利用二维有限元模型进行土石分界地层正台阶开挖、预留核心土开挖以及先墙后拱三种不同开挖方式的比选,寻找不同开挖方法下的位移和支护结构内力特点。厦门翔安海底隧道地质水文条件极为复杂,土石分界地层存在跨越距离长、水量大、软硬不均、不规则等特点,施工难度大,刘应亮和徐海廷等针对这些特殊情况对土石分界段施工工法的选择及辅助施工措施提出了行之有效的建议。

在隧道穿越不同岩性接触带的支护措施研究方面,李雪峰结合现场监测数据和数值模拟研究了穿越不同岩性接触带隧道的衬砌支护效果和受力特征。吴波等以隧道拱顶位移和安全系数为双重指标,通过有限元数值计算模型对 5 种常见的上软下硬地层围岩稳定性进行量化分组,从而建立上软下硬地层稳定量化评价体系。王磊针对软硬不均地层中支护受力特点,分析了软硬围岩各侧不对称支护参数。

1.3.3 研究现状评述

通过对上述研究现状的总结和分析可知，目前黄土塬区不同岩性接触带地层中的隧道开挖和支护技术的主要特征如下。

1）大断面黄土隧道设计与施工技术

（1）由于黄土本身的工程特性及特点，在隧道开挖之后，围岩的自稳能力弱，难以形成压力拱，其围岩变形特点具体表现为：变形量大、初期变形速度快、持续变形时间长等。

（2）在砂质黄土大断面隧道施工过程中，要切实加强浅埋暗挖法施工的原则，即“管超前、短进尺、强支护、快封闭、勤量测”，尽量缩短掌子面到初期支护封闭成环之间的距离和施工时间，以减小隧道围岩变形。

（3）黄土隧道严禁采用爆破开挖，应采用“机械＋人工配合”的开挖方式，并根据黄土的工程特性，综合考虑隧道埋深、含水率及新老黄土地层差异，结合隧道的进度要求，最终确定大断面黄土隧道的开挖工法。

2）穿越不同岩性接触带隧道开挖技术特征

（1）不同岩性接触带处上软下硬，开挖后空间效应明显，易产生蠕动变形，隧道成型难，不易形成自然拱，即使小坍塌造成施工困难，也会危及隧道的整体稳定。

（2）不同岩性接触带处地下水易汇集，上部软弱围岩受水浸泡饱和、软化，承载力降低，同时流水易带走围岩细颗粒，造成掌子面失稳。

（3）下伏基岩施工爆破振动易引起上部的支护破坏及围岩应力变化，引发塌方，增加施工难度。

（4）岩性接触带种类比较多，不仅有不同程度的软硬接触，也有接触带与隧道不同空间位置的区分，工况较多，分析过程复杂。

（5）根据接触带与隧道的不同空间位置，需要对开挖参数（台阶高度、长度和进尺）适当调整。

（6）一般土层采用“机械＋人工配合”的开挖方式；岩层采用爆破开挖，须严格控制爆破参数，避免爆破振动对软弱围岩区域的扰动过大。

（7）穿越不同岩性接触带隧道施工中，接触带地质条件复杂多变，必须采取一定的地质预报措施，掌握接触带的空间位置和性质特征，及时对施工参数进行调整。

3）穿越不同岩性接触带隧道支护特征

（1）结合穿越不同岩性接触带隧道围岩不对称变形的特点，可采用不对称的支护方式。

(2)系统锚杆在土体中可增加土层抗剪强度,增强整体性,起到加固土层作用,减小围岩变形。不同岩性接触带围岩变形和塑性区主要位于土体一侧,需要加长和加密土体中的锚杆。

(3)锁脚锚杆是初期支护中的重要组成部分,不同岩性接触带处要尽可能使得锁脚锚杆锚固至岩层中。在土层一侧时,可考虑在拱脚位置增加锁脚锚杆数量、长度等以增加锚杆的锚固能力。

(4)支护在接触带土层一侧变形较大,弯矩较大,可适当减小钢筋网间距或施作双层钢筋网。采用双层钢筋网进行局部支护补强,防止喷射混凝土开裂,提高支护混凝土抗拉强度。

(5)注浆加固采用水泥浆进行注浆作业,封堵裂隙水,防止裂隙水软化围岩。

4)研究现状总结

通过上述分析可知,我国学者对黄土隧道开展了大量的研究,针对黄土的工程特性形成了一系列的黄土隧道变形控制技术,提出了更加科学、合理的黄土隧道适宜性施工技术,在黄土隧道的支护结构理论上也取得了长足的进步。

但黄土地层中穿越不同岩性接触带的隧道修建技术问题仍未得到广泛的关注,相关课题的研究也只是针对具体的施工流程提出了相应的可行性方案,在黄土地层中穿越不同岩性接触带的隧道修建技术方面并未形成完整的施工技术理论。同时,隧道在穿越黄土塬区不同岩性接触带时的局部围岩变形特征与岩性接触带性质息息相关,岩性接触带的工程力学特性对隧道围岩稳定性和支护体系的影响尚未得到足够的关注。

因此,有必要针对不同岩性接触带的工程特点开展相关研究,深入揭示隧道在穿越不同岩性接触带时的围岩—支护相互作用机理及支护结构的力学特性和变形规律,构建穿越不同岩性接触带的隧道修建技术体系。

1.4 主要研究内容及技术路线

针对贾塬隧道隧址区地质情况复杂、部分区段长距离穿越不同岩性接触带、隧道围岩自稳能力差、极易发生坍塌等事故的特点,需开展开挖工法、支护体系、施工技术等方面的系统研究。

1.4.1 研究内容

依托贾塬隧道的设计与施工,从以下四个方面开展了相应的研究工作:

(1)穿越不同岩性接触带隧道支护结构力学特性。在广泛调研的基础上,针对贾塬隧道穿越不同岩性接触带地段支护结构的力学特性和变形机理开展深入研究。研究隧道在穿越不同岩性接触带地段时的围岩—初期支护接触压力传递规律,揭示不同岩性接触带以及接触带分界面位置对隧道支护结构的影响。并基于此深入研究影响隧道变形的关键参数。

(2)穿越不同岩性接触带隧道施工工法和参数研究。在综合调研国内外穿越不同岩性接触带隧道施工关键技术的基础上,结合不同岩性接触带围岩的工程地质条件,提出贾塬隧道穿越不同岩性接触带地段的适宜性施工工法。对穿越不同岩性接触带大断面隧道开挖进尺、台阶高度等控制性施工参数进行深入研究,进而对隧道的施工工法进行优化。

(3)穿越不同岩性接触带隧道合理支护参数研究。从保证隧道支护体系稳定的前提出发,对穿越不同岩性接触带的隧道支护参数进行了系统分析,深入论证不同支护手段及参数对于隧道围岩稳定性的影响,提出针对穿越不同岩性接触带的隧道合理支护参数。

(4)穿越不同岩性接触带隧道施工技术。基于贾塬隧道穿越不同岩性接触带的现场施工条件,结合以上研究成果合理调整施工参数及支护参数,提高施工效率。

1.4.2 解决的关键问题

(1)揭示了穿越不同岩性接触带隧道支护结构的力学特性及变形机理,为类似地层条件下隧道合理设计参数提供依据。

(2)确定了穿越不同岩性接触带隧道的合理开挖工法和施工参数,为隧道快速安全施工提供保障。

(3)确定了穿越不同岩性接触带隧道的合理支护参数,保障隧道的结构安全。

(4)提出了针对穿越不同岩性接触带隧道现场施工技术要点和动态施工技术,提高了施工效率。

1.4.3 研究方法及技术路线

以贾塬隧道为依托工程,主要通过资料调研、理论分析、数值模拟、模型试验及现场数据分析等多种研究手段,对穿越不同岩性接触带隧道施工关键技术开展研究,研究技术路线如图1-6所示。

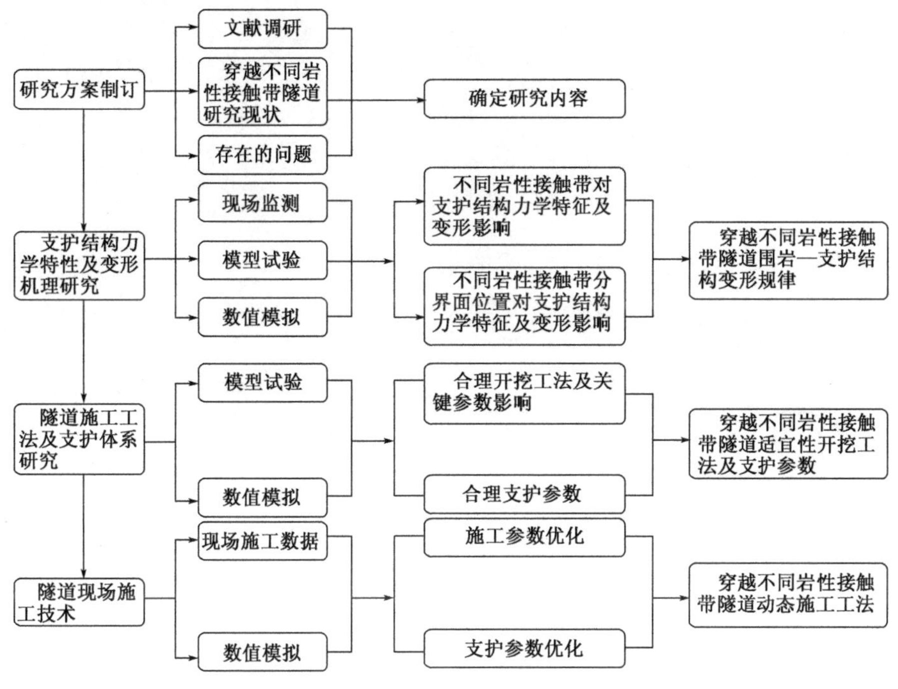

图1-6 研究技术路线

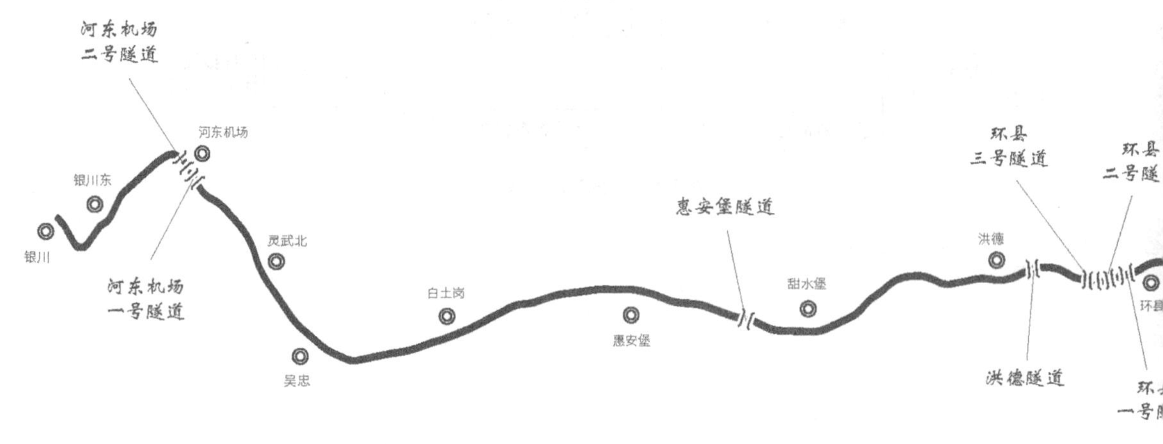

河东机场
二号隧道
河东机场
银川东
银川
灵武北
河东机场
一号隧道
吴忠
白土岗
惠安堡
惠安堡隧道
甜水堡
洪德
洪德隧道
环县
三号隧道

第2章

穿越不同岩性接触带隧道支护结构力学特性

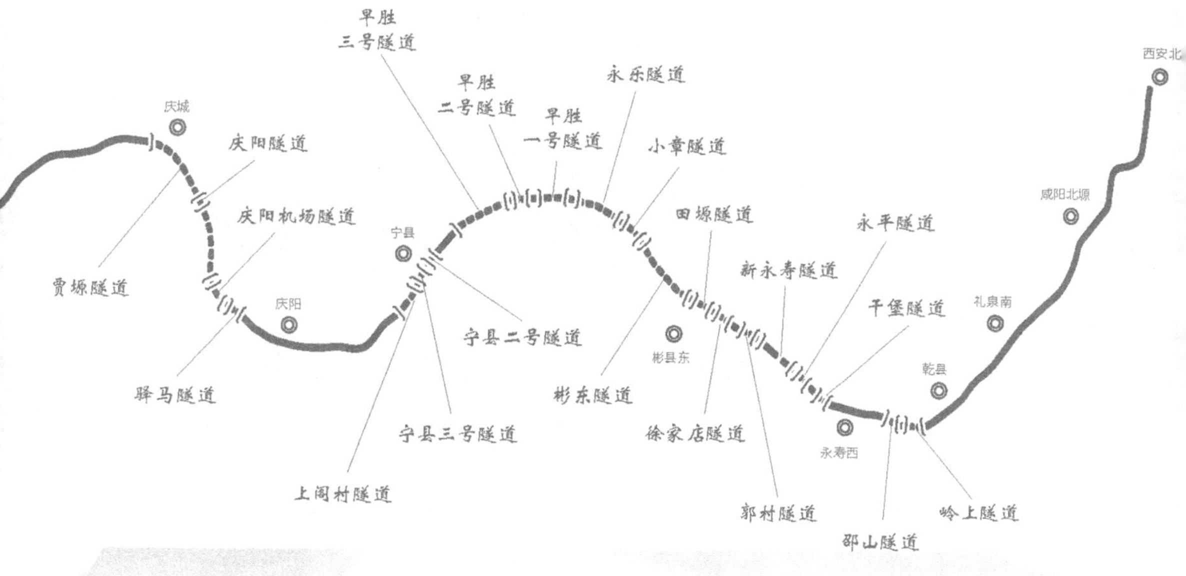

基于贾塬隧道穿越黄土塬区不同岩性接触带时隧道受力特征分析的需求，本章主要通过现场监测、模型试验和数值模拟等方法，研究穿越不同岩性接触带地层条件下隧道支护结构力学特性，进而提出影响隧道支护结构力学特性的关键参数，为后续的施工工法及支护体系研究奠定基础。

2.1 穿越不同岩性接触带的隧道施工现场监测

现场监测作为隧道新奥法施工中不可缺少的一个环节，是隧道信息化施工的重要基础。现场监测数据可以反馈施工过程中的围岩动态信息，从而判断围岩的稳定状态以及其支护参数与施工的合理性。相较于数值模拟，现场监测可以更真实地反映复杂多变的因素对隧道的影响程度，因此采用现场监测数据来认识和把握地下结构工程的规律性是必要且可行的。

2.1.1 监测方案设计

1）监测断面选择

对于贾塬隧道而言，由于不同岩性接触带种类多、段落长，不可能对隧道全长进行监控量测，而是根据需要在隧道的典型区段选取监测断面，所选断面要能够充分反映隧道围岩在不同岩性接触带的地层特征。具体需要考虑以下两个方面来确定监测断面：

（1）不同类型的接触带。贾塬隧道穿越不同岩性接触带的类型较多，接触带类型不同，隧道的变形规律和结构力学特征也不同。

（2）接触带分界面与隧道的相对位置。贾塬隧道不同岩性接触带段落较长，根据接触带位于隧道的不同位置，分成多种工况来研究隧道的变形规律和结构力学特征。

根据上述监测计划和监测断面选取原则，最终确定了 4 个现场监测断面，如表 2-1、图 2-1 所示。在后续的监控量测数据分析中，发现位于不同岩性接触带中的 1 ~ 3 号断面的监测数据具有一定的相似性，4 号断面由于全部位于砂岩夹泥岩中，更为接近常规大断面隧道的监控量测结果。因此在本节后续的内容中，选取了一些典型的监测结果进行分析。

现场监测断面　　表2-1

断面编号	里　程	岩性(围岩类别)	衬砌类型	备　注
1	DK278 +410	上部红黏土， 下部砂岩夹泥岩	Ⅳ[e]	接触带分界面位置 如图2-1a)所示
2	DK285 +420	上部红黏土， 下部砂岩夹泥岩	Ⅴ[e]	接触带分界面位置 如图2-1b)所示
3	DK284 +496	上部黏质黄土， 下部砂岩夹泥岩	Ⅴ[b]	接触带分界面位置 如图2-1c)所示
4	DK279 +046	全部砂岩夹泥岩	Ⅳ[b]	接触带分界面位置 如图2-1d)所示

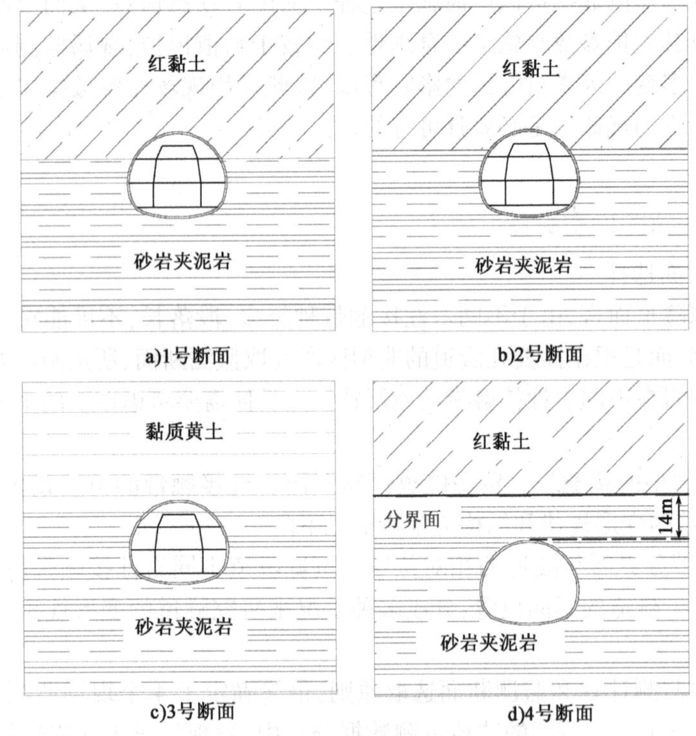

图2-1　现场监测断面示意图

2)监测项目选取

在贾塬隧道施工期现场调研的基础上，选取拱顶沉降、周边收敛、围岩压力和钢拱架内力为本次监测的主要项目。

(1)拱顶沉降。拱顶沉降是隧道监控量测的必测项目,最能直接反映围岩和初期支护的工作状态。目前拱顶沉降量测大多数采用精密水准仪和铟钢挂尺等。拱顶沉降监控量测测点的埋设,一般在隧道拱顶轴线处设 1 个带钩的测桩(为了保证量测精度,常常在左右各增加一个测点,即埋设 3 个测点),吊挂铟钢挂尺,用精密水准仪量测隧道拱顶绝对下沉量。可用 $\phi6$ 钢筋弯成三角形钩,用砂浆固定在围岩或混凝土表层。支护结构施工时要注意保护测点,一旦发现测点被埋掉,要尽快重新设置,以保证数据不中断。拱顶沉降量测如图 2-2 所示。

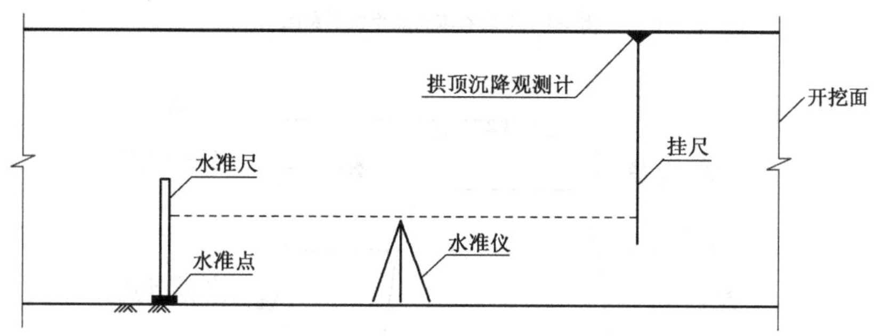

图 2-2 拱顶沉降量测示意图

(2)周边收敛(净空变化)。隧道周边收敛是指隧道周边相对方向两个固定点连线上的相对位移值,周边收敛量测是隧道施工监控量测的重要项目,它是隧道开挖所引起围岩变形最直观的表现,采用收敛计进行量测。隧道开挖爆破后应尽早在隧道两侧边墙、拱腰水平方向埋设测杆或球头测桩,埋设深度为 20 ~ 30mm,钻孔直径为 40 ~ 50mm,用快硬水泥固定,测桩球头必须设保护罩。监测断面必须尽量靠近开挖工作面,测点应安设在距开挖面 1m 范围之内,并应在工作面开挖以后 12h 内和下一次开挖之前测取初读数。周边收敛量测可为判断隧道稳定性提供可靠的信息,并根据收敛速度判断隧道围岩的稳定程度,为仰拱的灌注时间及二次衬砌的支护时机提供依据。周边收敛测点的布设如图 2-3 所示。

(3)围岩压力。为了解初期支护对围岩的支护效果,判断复合式衬砌中围岩荷载大小,了解初期支护的实际承载情况及分担围岩压力情况,检验隧道偏压,保证施工安全,优化支护参数。在每个监测断面围岩与初期支护之间以及初期支护与二次衬砌之间分别布设 8 个土压力盒进行围岩压力监测(XYJ-4 双膜土压力传感器,直径 114mm,厚度 37mm,规格 1.5MPa,共计 16 个土压力盒),测点布置如图 2-4 所示。

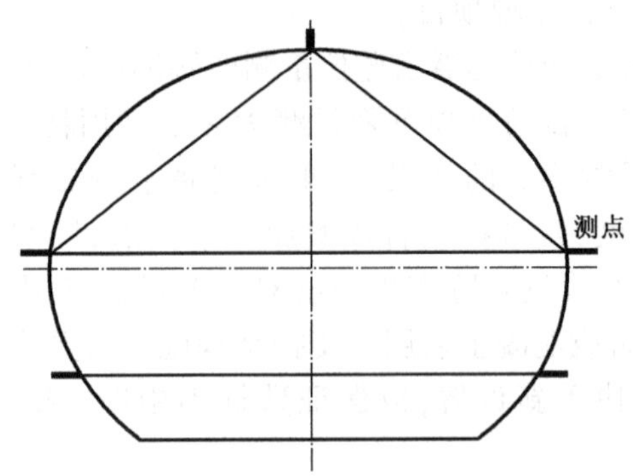

图 2-3　周边收敛测点布设示意图

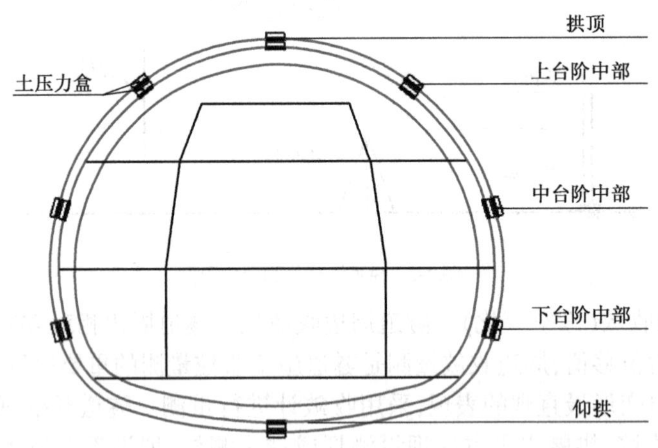

图 2-4　围岩压力测点布置示意图

(4)钢拱架内力。通过钢筋计(XJG-2 型钢弦式钢筋应力传感器计)监测钢拱架中内、外侧钢筋的应变,从而计算其所受到的轴力和弯矩。根据计算结果,可以了解钢拱架与初喷混凝土对围岩的组合支护效果,了解钢拱架的实际工作状态,视具体情况决定是否需要采取加固措施,并判断初期支护承载能力,保证施工安全,优化支护参数。测点布置如图 2-5 所示。

3)监测频率

隧道开挖时围岩及支护内力变化较快,监测的频率应适当增大;开挖之后各项数值趋于稳定,监测的频率可以适当降低。根据上述原则,设计监测频率见表 2-2。

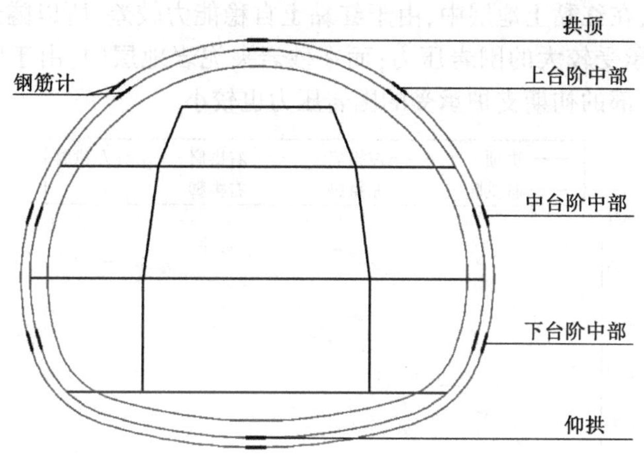

图 2-5　钢拱架内力测点布置示意图

监测频率表　　表 2-2

开挖天数(d)	监测频率	开挖天数(d)	监测频率
1～15	2～4 次/d	30～90	1 次/周
16～30	1 次/d	>90	1 次/月

2.1.2　1 号断面监测数据分析

1 号断面里程为 DK278 +410,上部为红黏土、下部为砂岩夹泥岩,不同岩性接触带分界面位于上台阶,采用Ⅳ[e]型衬砌。

1)围岩压力

根据监测数据绘制 1 号断面围岩压力施工期时程曲线如图 2-6 所示。隧道各部位围岩压力值随时间收敛,整体来看 13d 之后围岩压力值变化较小,围岩压力基本稳定。各监测点围岩压力受施工步骤影响较大,对左拱腰和右拱肩处监测点影响最为显著,但各监测点处围岩压力基本符合前期增长较快而后逐渐趋于稳定的变化规律。由最后围岩压力的稳定值来看,各监测点处均处于受压状态,围岩压力最大为 394kPa,位于左拱肩处;围岩压力最小为 61kPa,位于左拱脚处。各监测点围岩压力从大到小依次为:左拱肩、右拱肩、右拱腰、拱顶、左拱腰、右拱脚、左拱脚。

1 号断面围岩压力施工期稳定值的空间分布如图 2-7 所示。从图 2-7 中可以分析得出:除拱腰外,初期支护其他监测点围岩压力可看作对称分布,且隧道位于红黏土地层中的监测点围岩压力要大于位于砂岩夹泥岩地层中的监测点的围岩压力。由此可知，在红黏土地层中，由于红黏土自稳能力较差，所以隧道断面上部的初期支护需要承受较大的围岩压力；而在砂岩夹泥岩地层中，由于围岩稳定性较好，隧道断面下部的初期支护承受的围岩压力也较小。

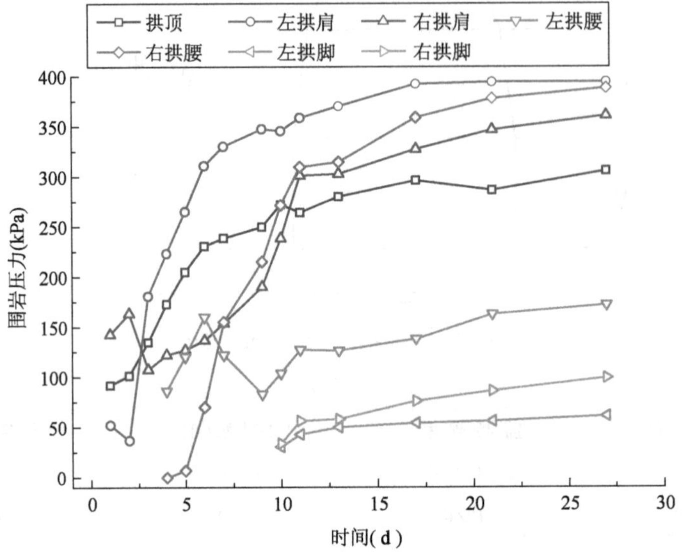

图 2-6　围岩压力施工期时程曲线(1 号断面)

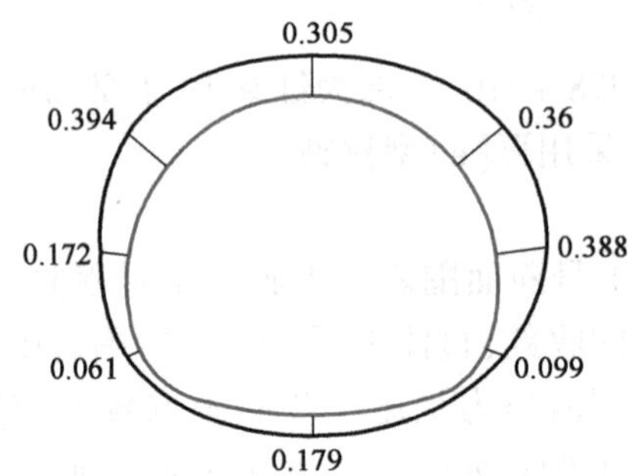

图 2-7　围岩压力施工期稳定值空间分布(1 号断面，单位：MPa)

根据监测数据绘制 1 号断面围岩压力长期时程曲线如图 2-8 所示。围岩压力稳定以后，比施工期承担的围岩压力整体上有所增加，其中右拱肩部位围岩压力增加比较明显，右拱肩围岩压力由施工期的 360kPa 增加至 480kPa。由围岩压力长期时程曲线看出在掌子面施工 90d 后围岩压力不再改变，绘制初期支护围岩压力长期稳定值的空间分布如图 2-9 所示。围岩压力分布规律与施工期基本一致，只是在数值上有所增加。除拱腰外，初期支护其他监测点围岩压力可看作对称分布，且隧道断面位于红黏土地层中的监测点围岩压力要大于位于砂岩夹泥岩地层中的监测点的围岩压力。

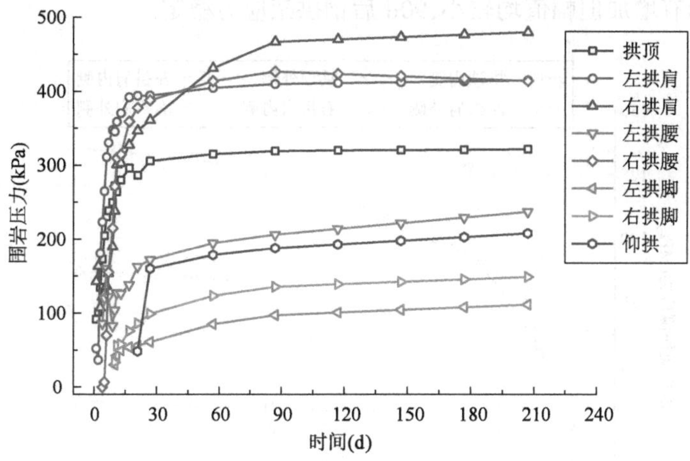

图 2-8　围岩压力长期时程曲线(1 号断面)

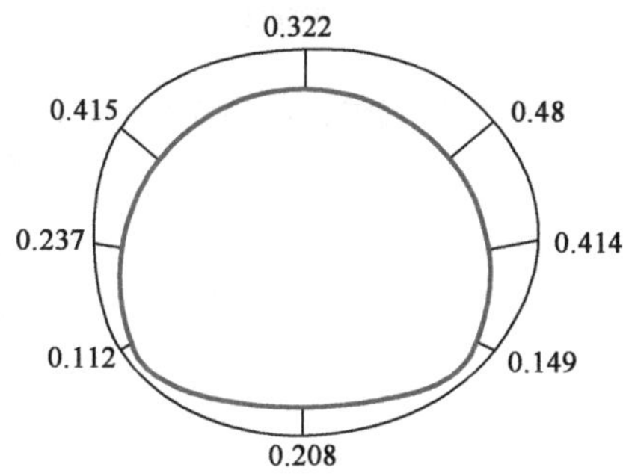

图 2-9　围岩压力长期稳定值空间分布(1 号断面,单位:MPa)

2)钢拱架应力

根据监测数据绘制 1 号断面上部钢拱架外侧应力施工期时程曲线如图 2-10 所示。拱顶监测点钢拱架外侧应力在上台阶开挖后快速增加,中台阶开挖后应力增幅逐渐变慢,下台阶开挖后应力逐渐趋于稳定;左、右拱肩监测点钢拱架外侧应力受施工影响较大,上台阶开挖后应力变化剧烈,中台阶开挖后应力逐渐增加,下台阶开挖后应力稳定增加而后趋于稳定;相比于上台阶,中下台阶钢拱架外侧应力时程曲线波动较小,可见中下台阶钢拱架外侧应力受施工影响较小。对比钢拱架内、外侧应力时程曲线可知,钢拱架内侧应力时程曲线的波动性明显较小,钢拱架外侧应力受施工影响较大。根据长期监测数据绘制1号断面钢拱架内、外侧应力长期时程曲线如图2-11所示,在二次衬砌施作完成之后,除左拱肩外,钢拱架内、外侧应力均有增加但幅值均较小,90d后钢拱架应力稳定。

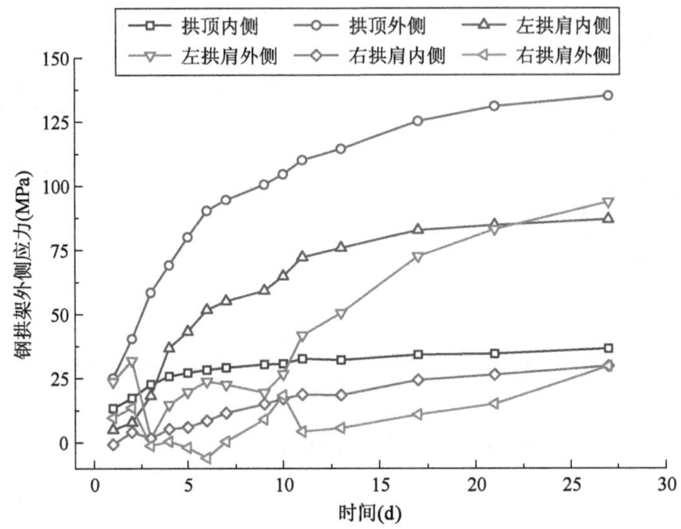

图2-10 上部钢拱架外侧应力施工期时程曲线(1号断面)

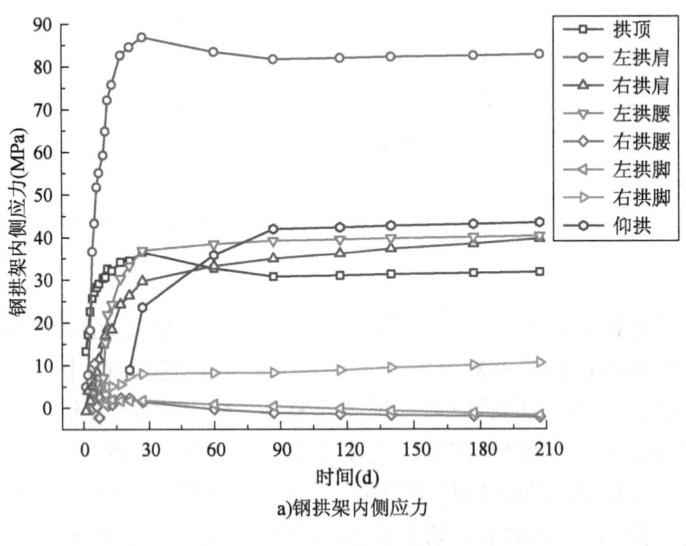

a)钢拱架内侧应力

图 2-11

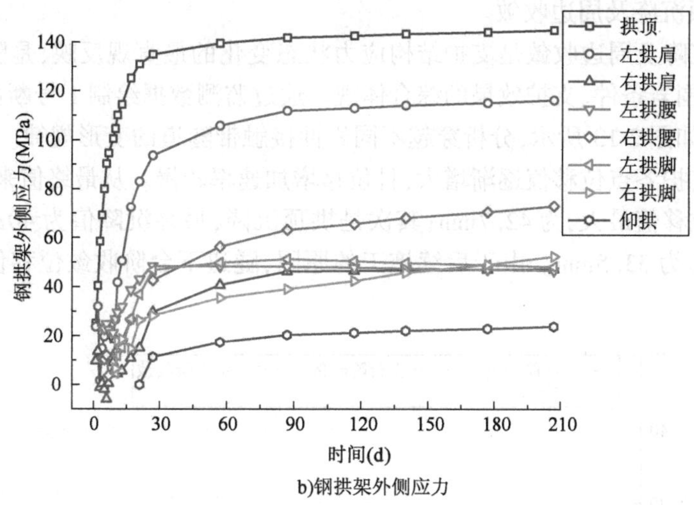

b)钢拱架外侧应力

图 2-11　钢拱架应力长期时程曲线(1 号断面)

图 2-12 给出了 1 号断面的现场实测钢拱架受力稳定后的应力分布。从图 2-12 中可以看出:全环钢拱架外侧应力均为压应力,其中拱顶处钢拱架外侧压应力最大,约为 145MPa,其次为左拱肩处,压应力值为 116MPa,仰拱处钢拱架外侧压应力最小,约为 24MPa,其余各测点钢拱架外侧应力在 47MPa 左右。钢拱架内侧应力主要为压应力,其中左拱肩处压应力最大,为 83MPa,其次为拱顶和左拱腰处,压应力值为 40MPa。钢拱架内侧并非全环均为压应力,在钢拱架右拱腰处出现小额的拉应力,最大拉应力值为 2MPa。钢拱架最大压应力为 145MPa,最大拉应力为 2MPa,均小于材料允许应力值,结构安全;无论钢拱架的内侧还是外侧,上台阶处的钢拱架应力要远比其他位置的钢拱架应力大。

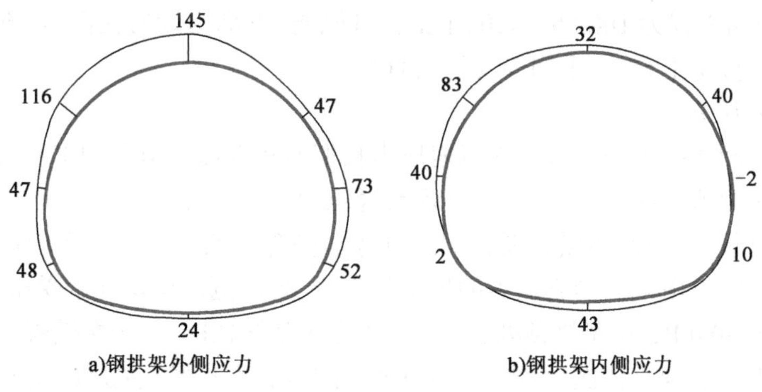

a)钢拱架外侧应力　　b)钢拱架内侧应力

图 2-12　钢拱架长期稳定应力空间分布(1 号断面,单位:MPa)

3)拱顶沉降及周边收敛

拱顶沉降及周边收敛是支护结构应力状态变化的最直观反映,是隧道开挖时围岩动态、围岩条件、支护效果的综合体现。通过监测数据绘制1号断面隧道位移时程曲线,如图2-13所示,分析穿越不同岩性接触带隧道的变形规律。整体来看,隧道初期支护各点位移值逐渐增大,且位移增加速率较慢。从最终值来看,中台阶最终收敛位移值最大,为42.7mm;其次是拱顶沉降,最终沉降值为40mm;上台阶收敛位移值为33.5mm。由于后续施工的原因,隧道下台阶收敛位移值未进行持续监测。

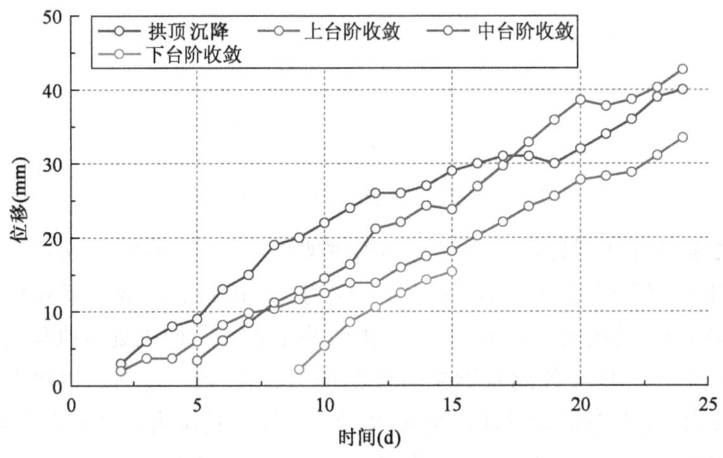

图2-13　隧道位移时程曲线(1号断面)

2.1.3　2号断面监测数据分析

2号断面里程为DK285+420,上部为红黏土、下部为砂岩夹泥岩,不同岩性接触带分界面位于上台阶,采用V[e]型衬砌。

1)围岩压力

根据监测数据绘制2号断面围岩压力长期时程曲线,如图2-14所示。隧道各部位围岩压力值随时间收敛,30d之后围岩压力基本稳定。各监测点围岩压力在施工期变化较大,各监测点处围岩压力值基本符合前期增长较快而后逐渐趋于稳定的变化规律。由最后围岩压力的稳定值来看,各监测部位均处于受压状态,围岩压力最大为809kPa,位于拱顶处;围岩压力最小为261kPa,位于左拱脚处。各监测点围岩压力从大到小依次为:拱顶、右拱肩、左拱肩、右拱脚、右拱腰、仰拱、左拱脚、左拱腰。

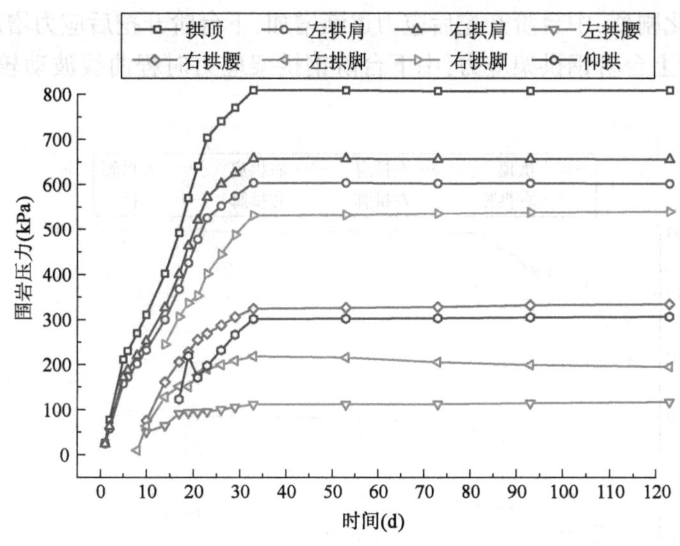

图 2-14　围岩压力长期时程曲线(2 号断面)

2 号断面围岩压力稳定值的空间分布如图 2-15 所示。初期支护其他监测点围岩压力可看作对称分布,且隧道位于红黏土地层中的监测点围岩压力要大于位于砂岩夹泥岩地层中的监测点的围岩压力。由此可知,在红黏土地层中,由于红黏土自稳能力较差,所以初期支护需要承受较大的围岩压力,而在砂岩夹泥岩地层中,围岩稳定性较好,初期支护承受的围岩压力也较小。

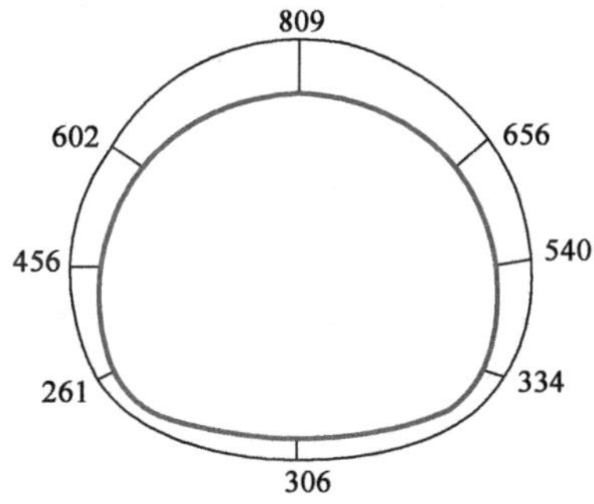

图 2-15　围岩压力稳定值空间分布(2 号断面,单位:kPa)

2)钢拱架应力

根据监测数据绘制 2 号断面钢拱架内、外侧应力长期时程曲线,如图 2-16 所示。拱顶监测点钢拱架外侧应力变化规律性较好,上台阶开挖后拱顶钢拱架应力快速增加,中台阶开挖后拱顶钢拱架应力增幅逐渐减小,下台阶开挖后拱顶钢拱架应力逐渐趋于稳定;左、右拱肩监测点钢拱架外侧应力受施工影响较大,上台阶开挖后应力变化剧烈，中台阶开挖后应力逐渐增加，下台阶开挖后应力增加而后趋于稳定；相比于上台阶钢拱架应力，中下台阶钢拱架应力时程曲线波动较小，受施工影响较小。

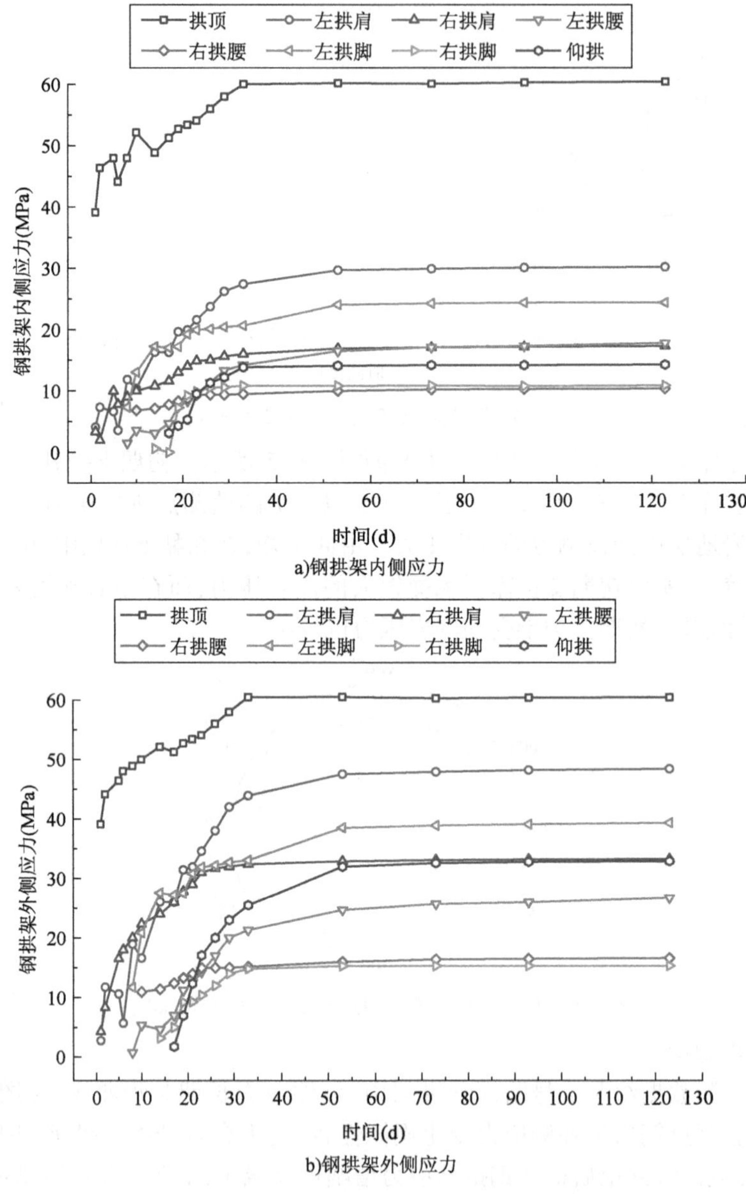

a)钢拱架内侧应力

b)钢拱架外侧应力

图 2-16　钢拱架应力长期时程曲线(2 号断面)

图2-17给出了2号断面钢拱架稳定后的应力分布图。可以看出：全环钢拱架外侧应力均为压应力；拱顶处钢拱架外侧压应力最大，约为61MPa；其次为左拱肩处，压应力值为48MPa；右拱脚处钢拱架外侧压应力最小，约为15MPa；其余各测点钢拱架外侧应力在40MPa左右。钢拱架内侧应力主要为压应力；拱顶处压应力最大，为60MPa；其次为左拱肩处，压应力值为30MPa。钢拱架全环受压，最大压应力为61MPa，小于材料允许应力值，结构安全；无论钢拱架的内侧还是外侧，上台阶处的钢拱架应力要远比其他位置的钢拱架应力大。

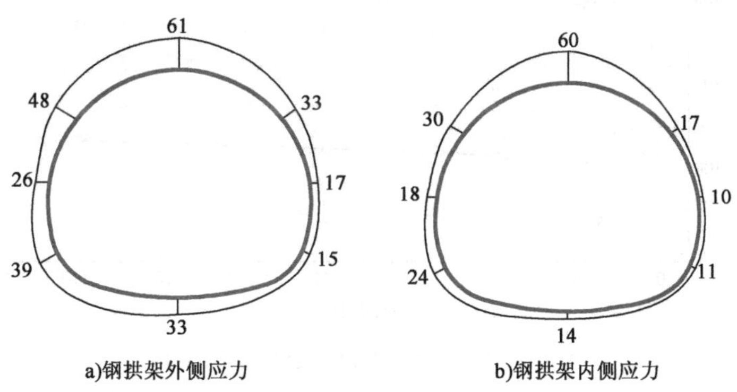

图2-17 钢拱架长期稳定应力空间分布(2号断面，单位：MPa)

2.1.4 3号断面监测数据分析

3号断面里程为DK284+496，上部为黏质黄土、下部为砂岩夹泥岩，不同岩性接触带分界面位于上台阶，采用V[b]型衬砌。

根据监测数据绘制3号断面围岩压力长期时程曲线，如图2-18所示。隧道各部位围岩压力值随时间收敛，整体来看30d之后围岩压力值基本稳定。各监测点围岩压力在施工期变化较大，各监测点处围岩压力基本符合前期增长较快而后逐渐趋于稳定的变化规律。由最后围岩压力的稳定值来看，各监测点处均处于受压状态，围岩压力最大为499.4kPa，位于拱顶处；围岩压力最小为48.3kPa，位于右拱脚处。各监测点围岩压力从大到小依次为：拱顶、左拱肩、右拱肩、左拱腰、右拱腰、仰拱、左拱脚、右拱脚。

围岩压力稳定值在3号断面的空间分布如图2-19所示。初期支护监测点围岩压力可看作对称分布，且隧道位于黏质黄土地层中的监测点围岩压力要大于位于砂岩夹泥岩地层中的监测点的围岩压力。由此可知，在黏质黄土地层中，由于黏质黄土自稳能力较差，所以初期支护需要承受较大的围岩压力，而在砂岩夹泥岩地

层中，围岩稳定性较好，初期支护承受的围岩压力也较小。

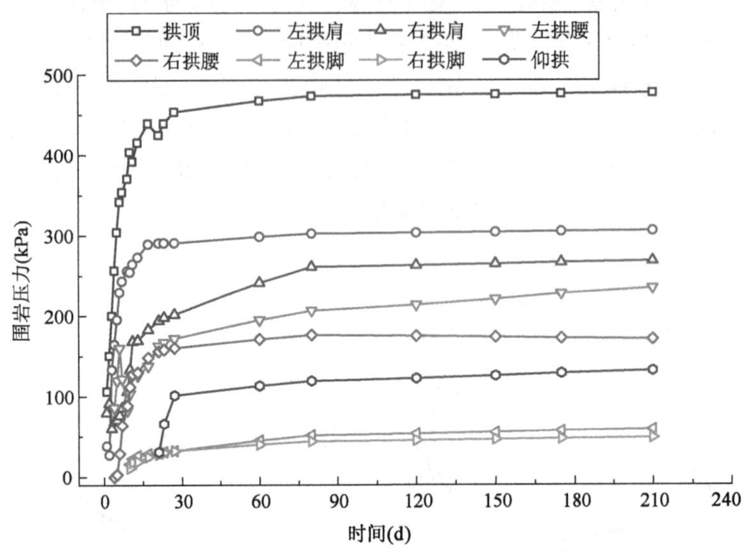

图 2-18　围岩压力长期时程曲线（3 号断面）

在 3 号断面进行了初期支护与二次衬砌之间接触压力的监测，根据监测数据绘制 3 号断面初期支护与二次衬砌之间的接触压力空间分布如图 2-20 所示。初期支护与二次衬砌之间的接触压力可看作对称分布，从拱顶到拱脚二次衬砌承担的围岩压力逐渐减小。初期支护与二次衬砌之间接触压力最大的位置是拱顶，最大压力值为 183.6kPa；初期支护与二次衬砌之间接触压力最小为 21kPa，位于右拱脚部位。与初期支护承担围岩压力相同，红黏土地层自稳能力差，位于红黏土地层中的衬砌结构承担更大的围岩压力。

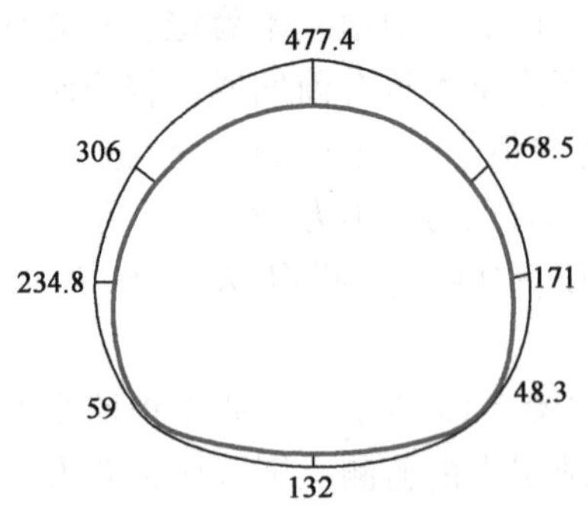

图 2-19　围岩压力稳定值空间分布
（3 号断面，单位：kPa）

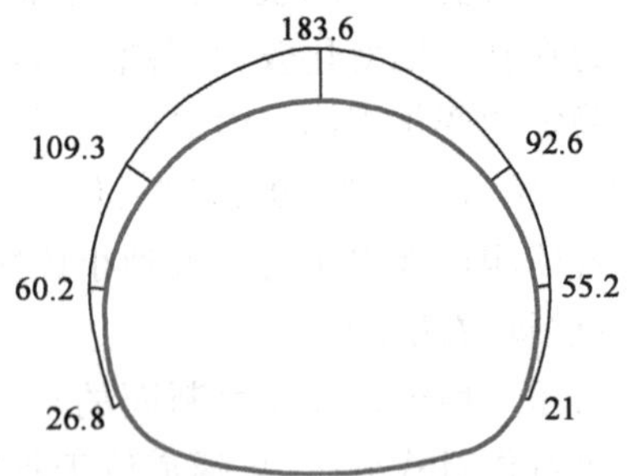

图 2-20　初期支护与二次衬砌接触压力空间分布
（3 号断面，单位：kPa）

2.1.5 4号断面监测数据分析

4号断面里程为DK279+046,监测断面为全砂岩及泥岩地层,红黏土与砂岩夹泥岩接触带分界面位于隧道上方14m处,采用Ⅳ[b]型衬砌。由于部分埋设监测元器件损坏,监测数据不完整,因此主要对该监测断面的围岩压力测试结果进行分析。

根据监测数据绘制4号断面围岩压力施工期时程曲线如图2-21所示。除拱顶外隧道各部位围岩压力值均随时间收敛,整体来看各监测位置在埋设后10d内围岩压力值变化都很小,围岩压力基本稳定。需要说明的是,左拱腰和右拱脚处的元器件损坏严重,无法测得有效数据,但可以根据隧道断面的对称性,大致推算出这两处围岩应力。在监测过程中还发现,各监测点围岩压力受施工步骤影响较大,在中台阶开挖时拱肩部位的围岩压力有明显下降;相应地,下台阶开挖时拱肩处的围岩压力也有所下降,同时拱腰处的围岩压力也有所下降,但下降值不大。在施工期间,围岩压力值最大为139kPa,位于拱顶处;围岩压力值最小为16.38kPa,位于右拱腰处。各监测点围岩压力从大到小依次为:拱顶、左拱脚、左拱肩、右拱肩、仰拱、右拱腰。

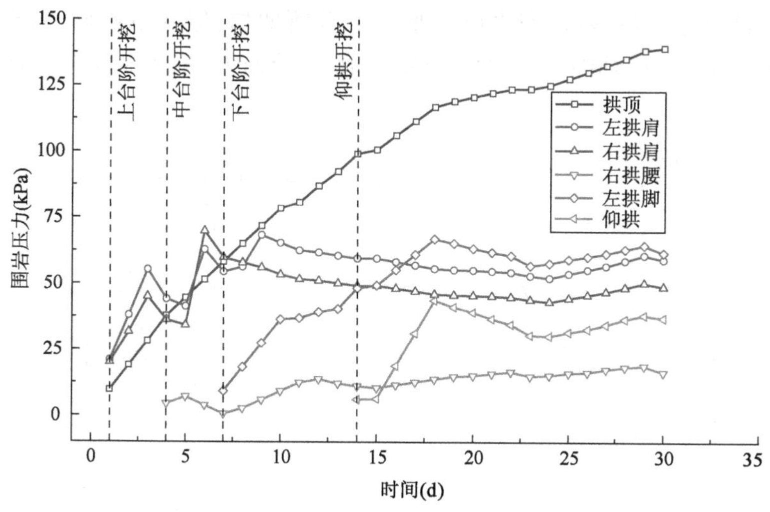

图2-21 围岩压力施工期时程曲线(4号断面)

4号断面围岩压力施工期稳定值的空间分布如图2-22所示。由于左拱腰和右拱脚部位的数据缺失,根据前面监测断面中围岩压力的分布规律,认为其围岩压力呈对称分布。可以分析得出:拱顶处的围岩压力最大,其次是拱脚,拱腰处的围岩压力最小。除拱顶外,其他位置的最大围岩压力均出现在施工过程中,并在支护封闭后5d内逐渐趋于平缓,不再发生太大的波动。与前述1号监测断面相比,最大围岩压力出现的位置有所不同,且数值上差异较大,不再有接触带地层上部围岩压力远大于下部的特点,更符合一般大断面隧道围岩压力分布的特点。从4号断面其他的一些监测项目如钢拱架应力、周边收敛等监测结果来看,也具有类似的特点。

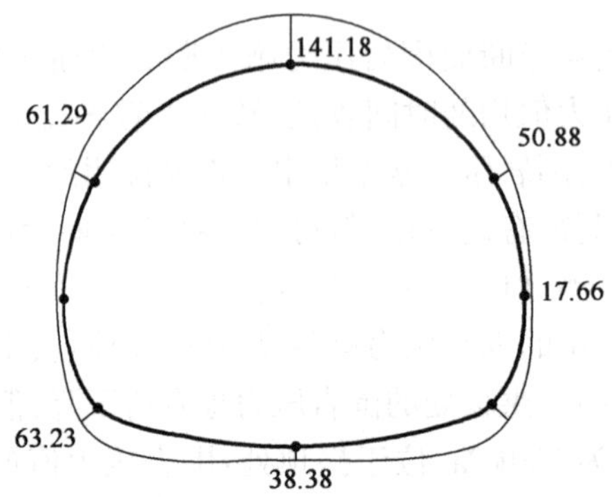

图2-22　围岩压力施工期稳定值空间分布(4号断面,单位:kPa)

根据监测数据绘制4号断面围岩压力长期时程曲线,如图2-23所示。隧道掌子面往前开挖之后,隧道围岩压力整体上有所增加,但并不明显,右拱肩围岩压力由施工期的139kPa增加至141kPa;在掌子面开挖30d后围岩压力不再改变。

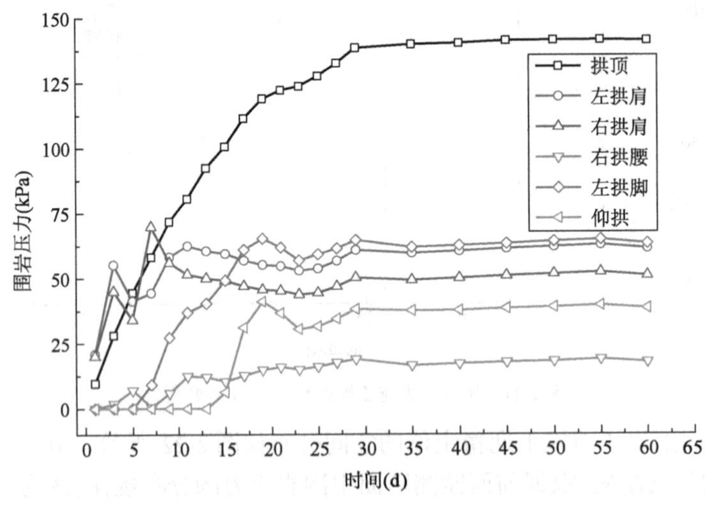

图2-23　围岩压力长期时程曲线(4号断面)

2.2 穿越不同岩性接触带的隧道施工数值模拟

本节以贾塬隧道为原型,采用 FLAC 3D 软件对 3 种不同岩性接触带分界面位于隧道断面不同位置时的隧道开挖过程进行三维数值模拟,研究穿越不同岩性接触带隧道支护结构力学特征。

2.2.1 数值建模简述

1)数值模拟参数设置

根据贾塬隧道实际的地质条件和施工条件建立数值模型,为消除边界效应的影响,模型的横向宽度取为 120m(约 $8D$,D 为隧道直径)、长度为 40m、隧道顶距模型的上边界为 51m、隧道底距模型的下边界为 50m。实际隧道埋深大于模型的埋深,所以通过在模型的顶面加均布荷载模拟实际隧道埋深。

模型纵向是自由边界法向固定,横向为法向固定,底面为法向固定,顶面施加均布荷载。模型底部边界采用竖向约束,前后左右边界均采用水平约束。现场的土层虽然强度低但均匀性较好,故隧道围岩按均质弹塑性材料考虑,采用莫尔—库仑(Mohr-Coulomb)屈服准则。围岩和初期支护采用三维实体单元,二次衬砌及仰拱也采用三维实体单元。锚杆采用锚索(cable)单元,钢拱架采用梁(beam)单元。模型单元总数 66600,节点总数 70684。因隧道为浅埋隧道,故计算时仅考虑自重应力场。此处给出部分数值模型及开挖过程,如图 2-24 所示。

计算选用莫尔—库仑弹塑性材料模型,在 FLAC 3D 计算中,需要输入岩石的力学参数是体积模量(K)、剪切模量(G)、密度(ρ)和内摩擦角(φ)。其中体积模量和剪切模量采用一般的方法很难获得,此处根据 FLAC 3D 提供的弹性力学公式,由弹性模量(E)、泊松比(μ)换算求得:

$$K = \frac{E}{3(1-2\mu)} \tag{2-1}$$

$$G = \frac{E}{2(1+\mu)} \tag{2-2}$$

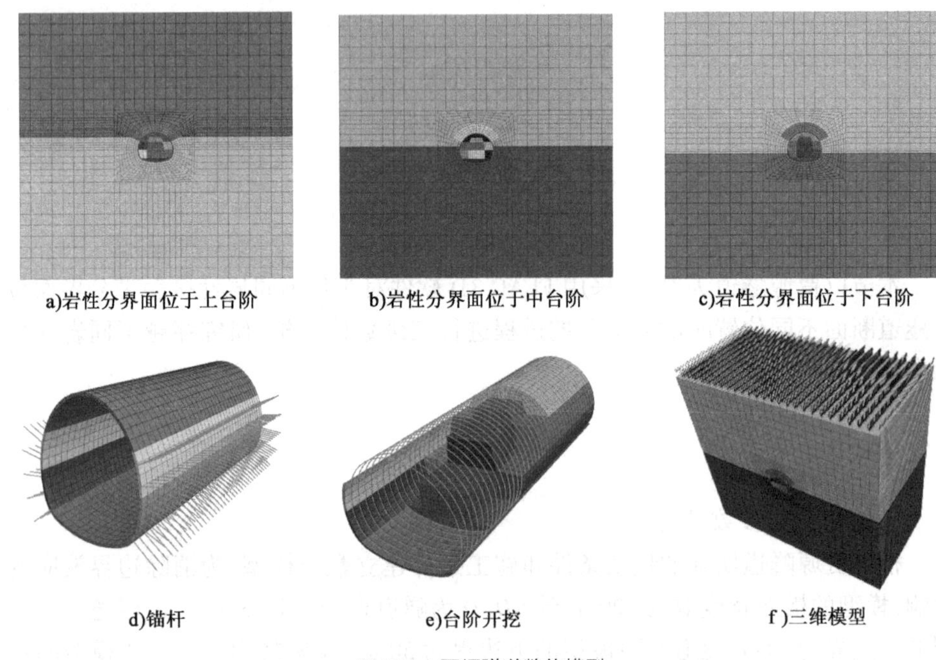

图 2-24　贾塬隧道数值模型

隧道围岩按弹塑性体考虑,其参数主要依据贾塬隧道地层土工试验物理力学参数取值。数值模拟计算中土层参数取值还要通过经验类比进行修正。施工中通过双层超前小导管对拱部140°的围岩进行超前支护,数值模拟计算时,根据以往经验通过把超前支护范围内围岩参数近似提高一级来模拟。最终确定的模型计算参数见表2-3。

模型计算参数　　表2-3

材　料	密度(kg/m^3)	弹性模量(MPa)	泊　松　比	黏聚力(kPa)	内摩擦角(°)
黏质黄土	1900	600	0.3	35	30
红黏土	1970	900	0.3	45	30
砂岩夹泥岩	2670	2000	0.2	4620	45
超前支护	2100	1200	0.3	70	30
初期支护	2200	25500	0.2	1940	40
钢拱架	79	200000	0.3	—	—
锚杆	79	200000	0.3	—	—

2)数值模拟工况

建立不同岩性接触带隧道区间三维分析模型,模拟岩性分界面在隧道断面不同位置(拱顶、上部、中部、下部、拱底)以及不同岩性接触带(黏质黄土—红黏土接触带、红黏土—砂岩夹泥岩接触带、黏质黄土—砂岩夹泥岩接触带)条件下,隧道采用三台阶预留核心土法开挖时支护结构的受力情况和围岩变形规律。选取的具体计算工况见表2-4。鉴于计算模型的对称性,应力云图只取左半部分进行分析,在分析中约定如下:主应力云图中受拉为正,受压为负。监测断面位置及测点布置如图2-25所示。

支护结构力学特征研究工况选取　　表2-4

工况编号	岩性接触带类型	岩性分界面与断面空间位置关系
1	红黏土—砂岩夹泥岩接触带	岩性分界面位于断面顶部
2	红黏土—砂岩夹泥岩接触带	岩性分界面位于断面上部
3	红黏土—砂岩夹泥岩接触带	岩性分界面位于断面中部
4	红黏土—砂岩夹泥岩接触带	岩性分界面位于断面下部
5	红黏土—砂岩夹泥岩接触带	岩性分界面位于断面底部
6	黏质黄土—砂岩夹泥岩接触带	岩性分界面位于断面顶部
7	黏质黄土—砂岩夹泥岩接触带	岩性分界面位于断面上部
8	黏质黄土—砂岩夹泥岩接触带	岩性分界面位于断面中部
9	黏质黄土—砂岩夹泥岩接触带	岩性分界面位于断面下部
10	黏质黄土—砂岩夹泥岩接触带	岩性分界面位于断面底部
11	黏质黄土—红黏土接触带	岩性分界面位于断面顶部
12	黏质黄土—红黏土接触带	岩性分界面位于断面上部
13	黏质黄土—红黏土接触带	岩性分界面位于断面中部
14	黏质黄土—红黏土接触带	岩性分界面位于断面下部
15	黏质黄土—红黏土接触带	岩性分界面位于断面底部

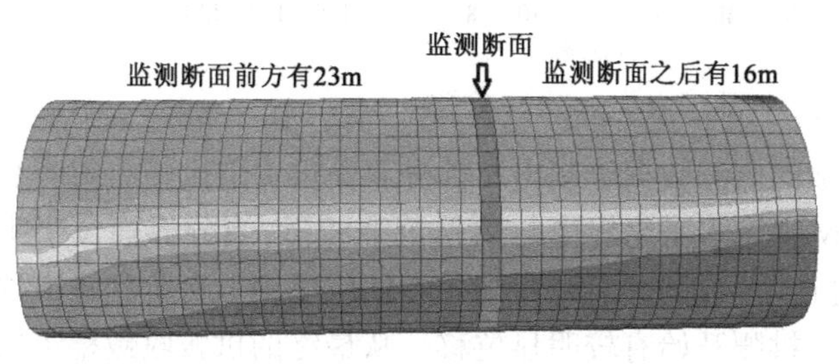

a)监测断面位置示意图

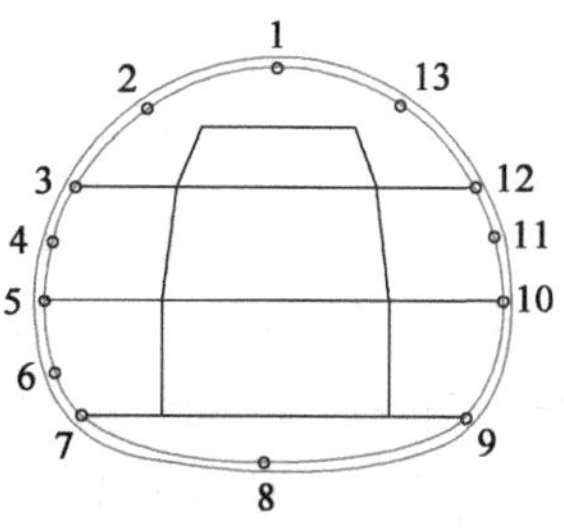

b)测点布置示意图

图2-25　数值模拟监测断面位置及测点布置示意图

2.2.2 红黏土—砂岩夹泥岩接触带计算工况

本组计算工况(工况 1 ~ 5)主要研究红黏土—砂岩夹泥岩接触带岩性分界面位于隧道断面不同部位时,隧道开挖过程中支护结构受力及变形的情况。

1)洞周变形

提取 5 种工况下拱顶沉降的监测数据绘制出 5 种分界面位置下拱顶沉降时程曲线,如图 2-26 所示。无论红黏土—砂岩夹泥岩的分界面位于隧道断面的什么位置,拱顶沉降的时程曲线趋势是一样的,即随着监测断面前方围岩的开挖,监测断面拱顶的沉降逐渐增加,并且开挖掌子面离监测断面越近,增加的幅度就越大,开挖通过监测断面之后,拱顶沉降逐渐趋于稳定。从最终的拱顶沉降稳定值来看,当红黏土—砂岩夹泥岩的分界面位于隧道断面的底部时,拱顶沉降值最大,达到 5.31cm;当红黏土—砂岩夹泥岩的分界面位于隧道断面的上台阶位置时,拱顶沉降值最小,为 2.93cm;按照最终沉降由大到小排序分界面位置依次是:隧道底、下台阶、中台阶、隧道顶、上台阶。由于红黏土土层物理性质相对较差,使得隧道位于红黏土地层越多,拱顶沉降越大。

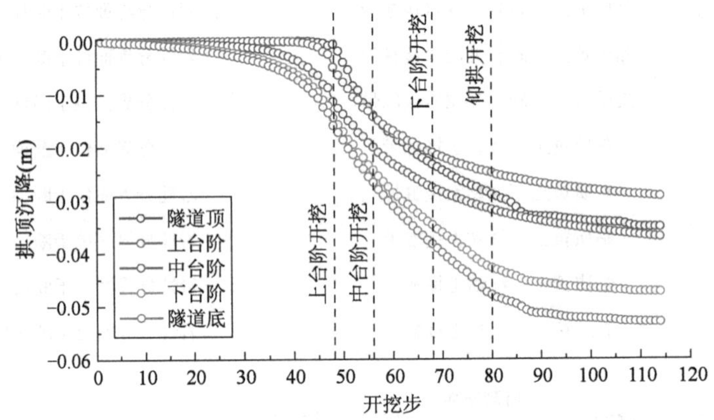

图 2-26 分界面位于不同位置拱顶沉降时程曲线(工况 1 ~ 5)

提取 5 种工况下拱腰收敛的监测数据绘制出 5 种分界面位置下拱腰收敛时程曲线,如图 2-27 所示。拱腰收敛整体变化规律与拱顶沉降相近;当分界面位于下台阶和隧道底部时,拱腰已经产生一部分位移;而当分界面位于中上台阶和隧道顶部时,隧道开挖到监测断面时,拱腰开始有较明显位移。从最终的拱腰收敛稳定值来看,当红黏土与砂岩夹泥岩的分界面位于隧道断面的底部时,拱腰收敛值最大,达到 4.6cm;当红黏土与砂岩夹泥岩的分界面位于隧道断面的上台阶位置时,拱腰收敛值最小,为1.22cm。按照最终收敛值由大到小排序分界面位置依次是:隧道底、下台阶、中台阶、隧道顶、上台阶,与拱顶沉降相似。

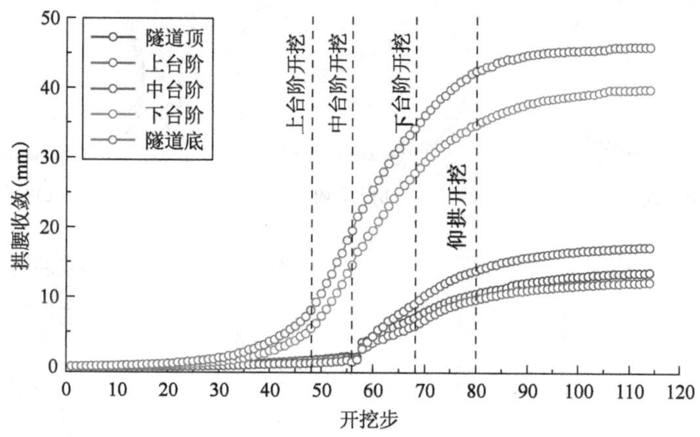

图2-27　分界面位于不同位置拱腰收敛时程曲线(工况1~5)

2)初期支护应力

提取5种分界面位置下喷射混凝土初期支护的应力云图,如图2-28所示。由图可知:

(1)当红黏土—砂岩夹泥岩的分界面位于隧道的顶部、上台阶和中台阶处时,拱顶和拱肩处喷射混凝土应力值较大,最大值为11.1MPa。

(2)当红黏土—砂岩夹泥岩的分界面位于隧道的下台阶和底部时,拱顶、拱肩和拱腰处喷射混凝土的应力值较大,最大值为10.5MPa。

(3)整体来看,位于砂岩夹泥岩地层中的初期支护应力值普遍偏小。当分界面位于隧道顶部时,除了上台阶几处应力集中外,整体的应力值比分界面位于隧道底部时小。

3)围岩塑性区

提取5种分界面位置下围岩塑性区分布图,如图2-29所示。随着分界面从上往下移动,塑性区的分布范围也逐渐增加,总的来说隧道开挖时产生的塑性区主要出现在红黏土地层中,主要是因为红黏土工程性质较差,开挖扰动后易破坏。从中台阶和下台阶的塑性区分布图可以看出在分界面上部一定范围内的红黏土地层塑性区厚度是减小的,说明下部砂岩夹泥岩地层对临近的红黏土地层有一定的加固作用。从塑性区分布范围来看,虽然红黏土覆盖隧道断面的面积不同,但是塑性区的厚度基本一致,约为4m。

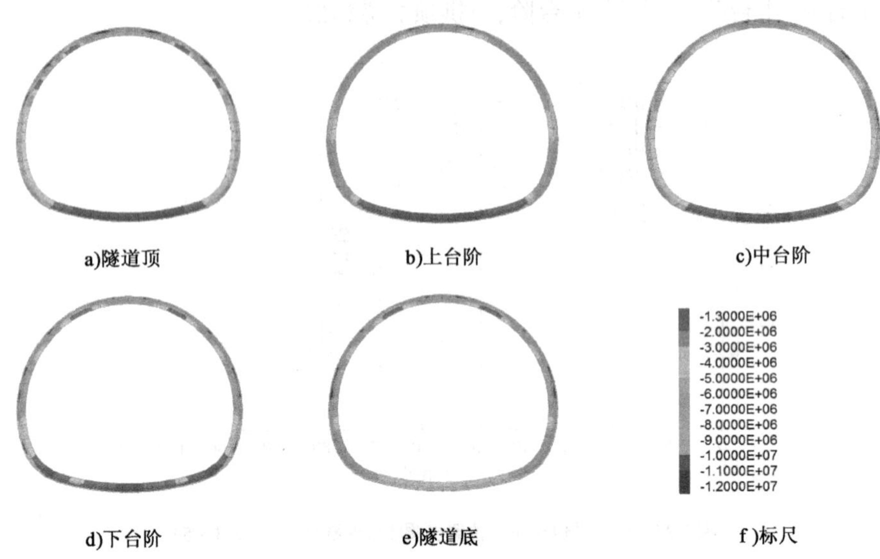

图 2-28　分界面位于不同位置时初期支护应力云图(工况 1 ~ 5)

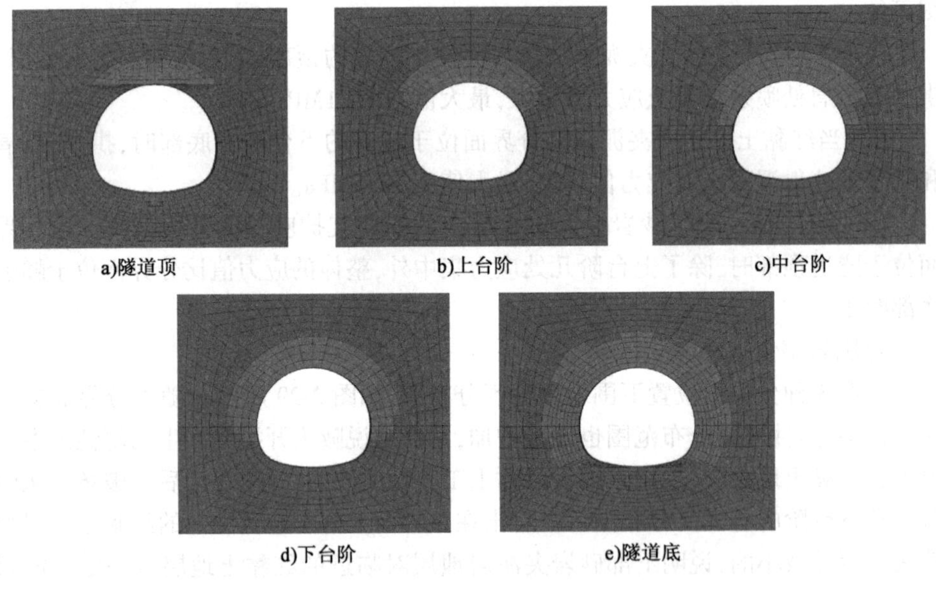

图 2-29　分界面位于不同位置时围岩塑性区分布图(工况 1 ~ 5)

2.2.3 黏质黄土—砂岩夹泥岩接触带计算工况

工况6~10主要探讨黏质黄土—砂岩夹泥岩分界面位于隧道不同位置时隧道支护结构受力及围岩变形情况。在工况6~10的计算结果中,拱顶沉降和周边收敛的规律与工况1~5类似,此处主要针对初期支护应力和围岩塑性区的计算结果进行分析。

1)初期支护应力

无论黏质黄土—砂岩夹泥岩的分界面位于隧道的什么位置,初期支护的最大应力值都未超过容许应力值,所以初期支护结构处于安全阶段。整体来看,随着隧道断面黏质黄土占的比例越来越大,初期支护结构受力越来越均匀。但分界面位于不同位置时,初期支护所受压应力最大值各不相同。

(1)当两种岩性分界面位于隧道顶部时,初期支护的应力最大值出现在上台阶部位,为12MPa,中下台阶和仰拱应力逐渐降低。

(2)当两种岩性分界面位于隧道上台阶时,初期支护的应力最大值出现在拱顶和拱脚,为9.8MPa。

(3)当两种岩性分界面位于隧道中台阶时,初期支护的应力最大值出现在上台阶,为10MPa,拱脚处也出现应力集中现象,应力值为6MPa。

(4)当两种岩性分界面位于隧道下台阶时,初期支护在拱顶、拱肩和拱腰都出现了应力集中现象,应力最大值为10MPa。

(5)当两种岩性分界面位于隧道底部时,洞身全在黏质黄土地层中,初期支护整体受力比较均匀,拱顶、拱肩和拱腰处应力值较大,为10MPa。

2)围岩塑性区

提取5种分界面位置下围岩塑性区分布图,如图2-30所示,体现的规律与工况1~5类似:随着分界面从上往下移动,塑性区的分布范围也逐渐扩大,隧道开挖时产生的塑性区全部出现在黏质黄土地层中,主要是因为黏质黄土工程性质较差,开挖扰动后易破坏。整体来看开挖后产生的塑性区在拱顶处的厚度最大,在分界面一定范围内,塑性区的厚度会减小,说明下部的砂岩夹泥岩对上部黏质黄土有一定的加固作用。随着两种岩性分界面逐渐下移,塑性区的厚度也在逐渐增加,可以看出黏质黄土地层中隧道开挖的扰动范围较大。

2.2.4 黏质黄土—红黏土接触带计算工况

本组计算工况(工况11~15)对黏质黄土—红黏土分界面位于隧道断面不

同位置的情况进行了数值模拟，探讨和分析穿越黏质黄土—红黏土接触带的隧道支护结构受力特征和变形情况。此处主要分析拱顶沉降和围岩塑性区的计算结果。

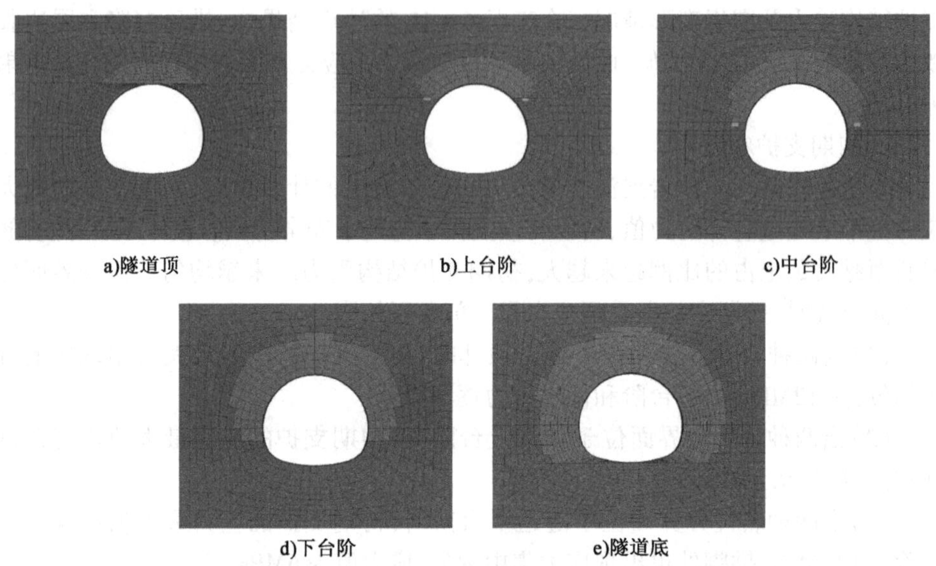

a)隧道顶　b)上台阶　c)中台阶　d)下台阶　e)隧道底

图 2-30　分界面位于不同位置时围岩塑性区分布图（工况 6～10）

1）拱顶沉降

提取 5 种工况下拱顶沉降的监测数据，绘制出 5 种分界面位置下拱顶沉降时程曲线，如图 2-31 所示。从最终的拱顶沉降稳定值来看，当黏质黄土—红黏土的分界面位于隧道断面的底部时，拱顶沉降值最大，达到 10.6cm；当黏质黄土—红黏土的分界面位于隧道断面的上台阶位置时，拱顶沉降值最小，为 7.26cm；按照最终沉降由大到小排序分界面位置依次是：隧道底、下台阶、隧道顶、中台阶、上台阶。相比于前两种地层条件下，分界面位于隧道不同部位时，拱顶沉降差异不大，这主要是因为黏质黄土与红黏土的物理性质较为接近，而砂岩夹泥岩地层的物理性质与二者区别明显。

2）围岩塑性区

提取 5 种分界面位置下围岩塑性区分布图，如图 2-32 所示。随着分界面从上往下移动，塑性区范围变化不明显，隧道底部开挖产生的塑性区最厚，为 7m。随着分界面从上往下移动，红黏土地层中产生的塑性区变化较小，黏质黄土地层中塑性区形状有变化。当黏质黄土—红黏土的分界面位于隧道的上台阶时，黏质黄土地层中的塑性区最厚的部位出现在拱肩处;当分界面位于隧道的其他位置时,黏质黄土地层中塑性区最厚的部位出现在拱顶处。

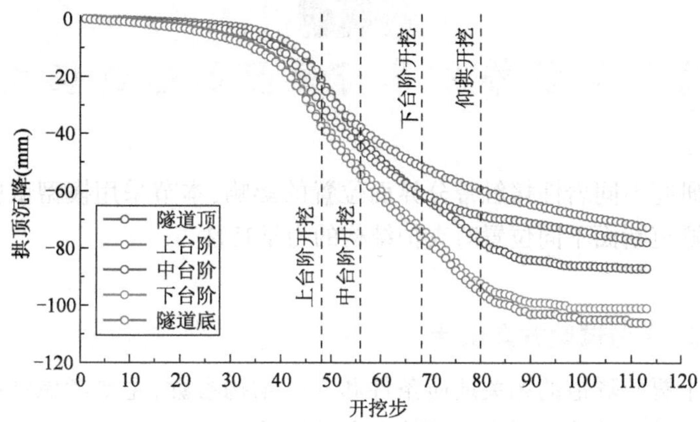

图 2-31 拱顶沉降时程曲线(工况 11 ~ 15)

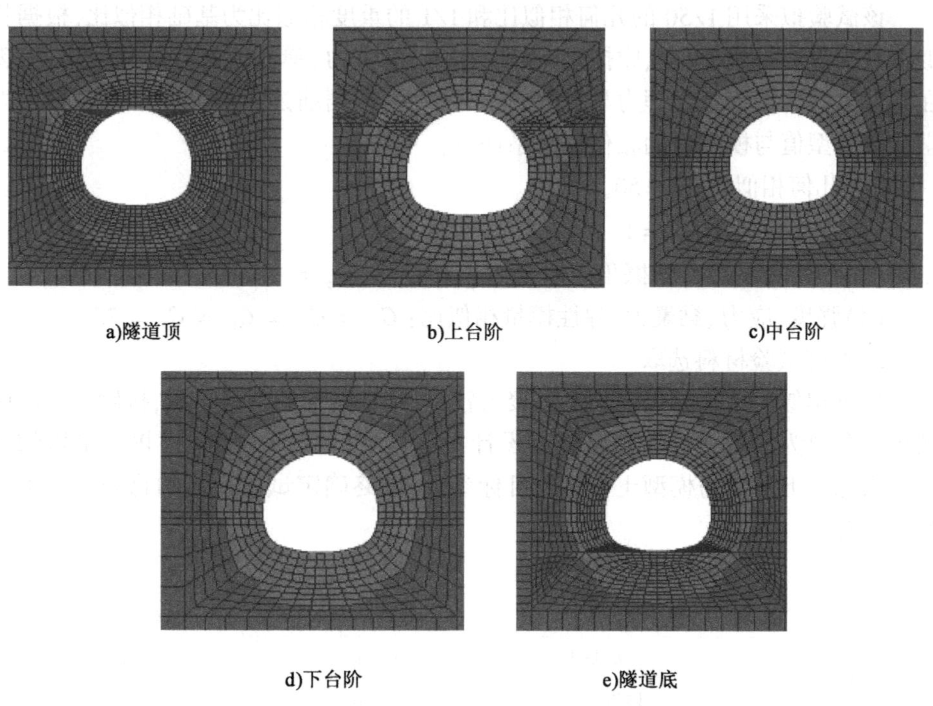

图 2-32 分界面位于不同位置时围岩塑性区分布图(工况 11 ~ 15)

不同岩性接触带分界面位置的隧道模型试验

为深入研究不同岩性接触带分界面位置的影响，本节采用模型试验研究岩性分界面位于隧道断面不同位置时支护结构的力学特性。

2.3.1 模型试验方案设计

本节基于贾塬隧道的相关地质条件和支护结构参数，主要考虑穿越红黏土—砂岩夹泥岩接触带的情况对模型试验方案进行设计。

1）模型试验相似比确定

该试验拟采用1/50的几何相似比和1/1的重度相似比为基础相似比，根据相似理论推得泊松比、应变、摩擦角、强度、应力、黏聚力、弹性模量等的相似比，实现在弹性范围内控制各物理力学参数的全相似性，根据前述相似准则推得各物理力学参数原型值与模型值的相似比关系如下：

（1）几何相似比：$C_l = 50$。

（2）重度相似比：$C_\gamma = 1$。

（3）泊松比、应变、摩擦角相似比：$C_\mu = C_\varepsilon = C_\varphi = 1$。

（4）强度、应力、黏聚力、弹性模量相似比：$C_R = C_\sigma = C_E = C_c = 25$。

2）模型试验材料选取

经过相似比计算后的红黏土黏聚力较小，且根据设计资料显示，接触带范围内的围岩参数为Ⅳ级，根据《铁路隧道设计规范》（TB 10003—2016），Ⅳ级围岩物理力学指标上下限作为模型土材料的目标参数，最终确定试验用土的物理力学参数见表2-5。

试验用土物理力学参数　　表2-5

材　料		黏聚力（kPa）	内摩擦角（°）
试验用土	红黏土	4	27
	砂岩夹泥岩	14	39

根据实际设计资料可知，施工过程中采用的钢拱架为I22a型工字钢，由于原

型与模型中每延米抗弯刚度应符合相似关系，可计算得模型中钢拱架每延米抗弯刚度，则根据查阅到的I22a型钢惯性矩，以及对应的弹性模量，得到试验中钢拱架间距和相应的尺寸。计算公式如下：

$$\frac{\left(\frac{EI}{l}\right)_{\mathrm{p}}}{\left(\frac{EI}{l}\right)_{\mathrm{m}}}=\frac{E_{\mathrm{p}}}{E_{\mathrm{m}}}\times\frac{l_{\mathrm{p}}^{3}}{l_{\mathrm{m}}^{3}}=6.25\times10^{6} \tag{2-3}$$

模型试验中的钢拱架采用定制铜带来模拟，铜带的弹性模量为105GPa。通过等效刚度计算并结合实际试验条件最终选定铜带厚度为0.8mm、宽度为5mm，如图2-33所示。钢拱架的布置及参数见表2-6。

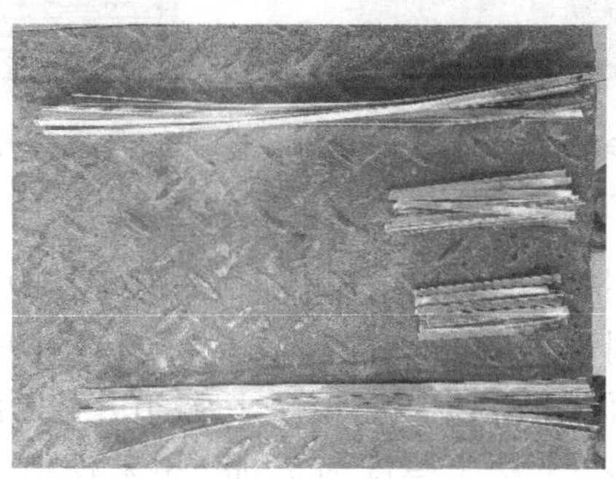

图2-33 铜带

钢拱架的布置及参数 表2-6

材　料	弹性模量 E(GPa)	惯性矩(cm^4)	截面面积(cm^2)	钢拱架间距(cm)
原型(I22a型工字钢)	210	3400	42	80
模型(铜带)	105	2.13×10^{-5}	0.04	1.6

根据设计资料可知，隧道初期支护采用C25喷射混凝土，模型试验选择水和石膏来模拟初期支护，配合比为水：石膏=1：1.06。模型试验中初期支护C25喷射混凝土物理力学参数基本满足相似关系，其物理力学参数见表2-7。

喷射混凝土物理力学参数 表2-7

项　目	重度(kN/m^3)	弹性模量(MPa)	泊　松　比
原型	22	25500	0.2
模型	22	510	0.2

3）模型试验装置

该试验模型箱长150cm、宽90cm、高135cm，如图2-34a）所示；隧道开挖区段如图2-34b）所示，左右两侧各取约2倍洞径（60cm）作为边界条件。

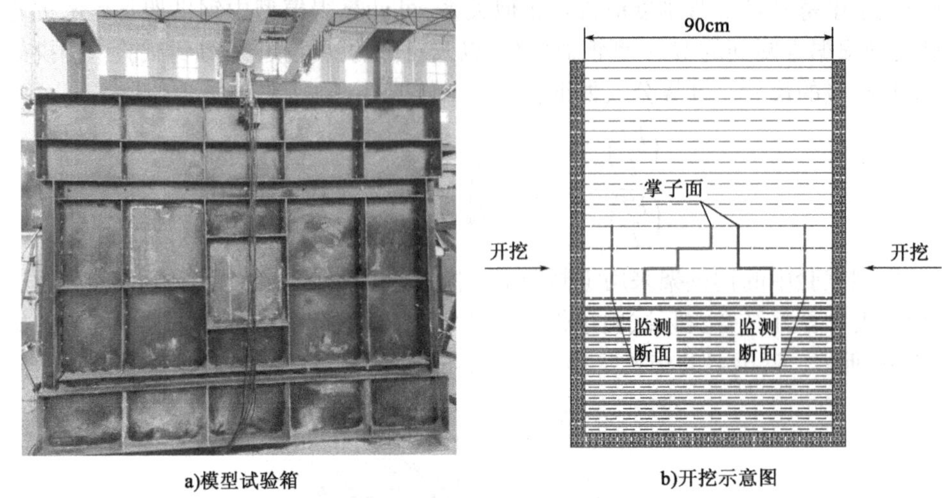

a)模型试验箱　　b)开挖示意图

图 2-34　试验装置与开挖示意图

根据现场实际施工情况，最终确定开挖隧道的跨度为 29.8cm，高度为 24.38cm，上、中、下台阶高度分别为 7.45cm、7.45cm、9.48cm。当考虑不同岩性接触带分界面位于隧道开挖断面内时，根据模型箱尺寸，隧道开挖断面下层土厚度为 63cm，来模拟砂岩夹泥岩地层，上层土厚度为 72cm，用来模拟红黏土地层，如图 2-35 所示。

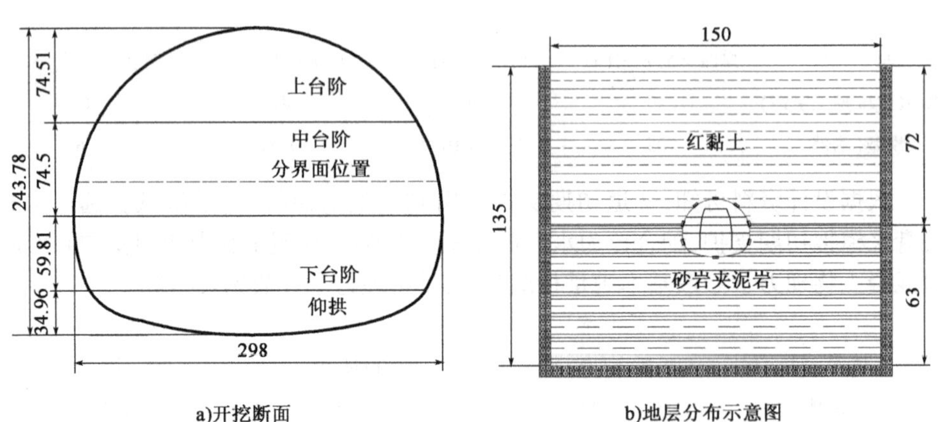

a)开挖断面　　b)地层分布示意图

图 2-35　开挖断面与地层分布示意图(尺寸单位:mm)

采用“隧道—地层复合体模拟实验系统”为加载系统，该系统为三维空间加载系统，通过对 X 向、Y 向、Z 向加载构成的空间三维力系实现对试验模型的多项参数进行测试。在此系统中，利用 2 个液压千斤顶作为加载执行元件，并通过反力梁、工字钢和钢板将千斤顶的压力转化为均布荷载，使用高精度液压稳压器为千斤顶提供稳定的可自动跟踪的压力油源，通过计算，每个千斤顶施加7t压力，施加均布荷载为0.1MPa，加载装置如图2-36所示。

a)液压稳定器

b)千斤顶

图2-36 模型试验加载装置

4)模型试验监测系统

考虑到边界效应对模型试验的影响，选取距离模型箱20cm处为监测断面，并对开挖过程中的围岩位移、围岩—初期支护接触压力、钢拱架内力进行监测。

(1)围岩位移监测。围岩位移依次通过铜片、铅发丝线经由预埋传导杆传递到模型箱外侧的百分表进行测量。预埋传导杆为空心钢管以保证内部铅发丝线不受土体和开挖的影响，铅发丝线一端系有金属垫片固定在距离隧道较近的围岩中，另一端系在百分表上。当围岩发生位移时，可以通过铅发丝线将位移传至百分表，百分表通过磁力表座固定在模型箱上，精度为0.01mm，位移测量装置如图2-37所示。综合考虑穿越不同岩性接触带隧道施工特点，分别在拱顶、拱肩、拱腰和拱脚布置围岩位移测点，如图2-38所示。

图2-37 位移测量装置

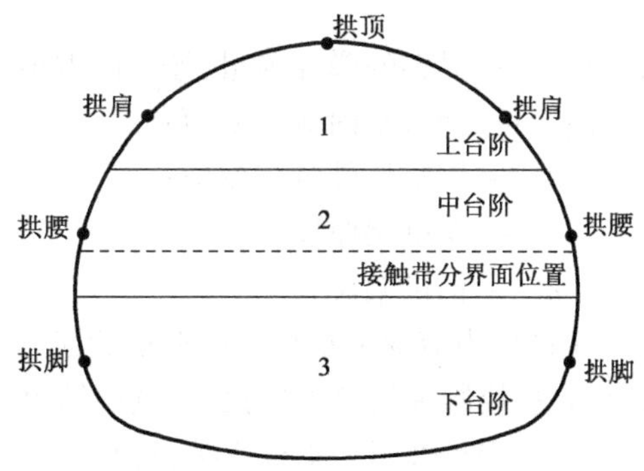

图2-38 围岩位移测点布置示意图

(2)围岩—初期支护接触压力监测。围岩—初期支护接触压力由 BY-3 型压力盒采集,如图 2-39a)所示,量程为 0 ~ 2MPa,精度为 0.001MPa,测点布置如图 2-39b)所示,共设置 8 处监测点,分别位于拱顶、拱肩、拱腰、拱脚和拱底,与位移测点相似。

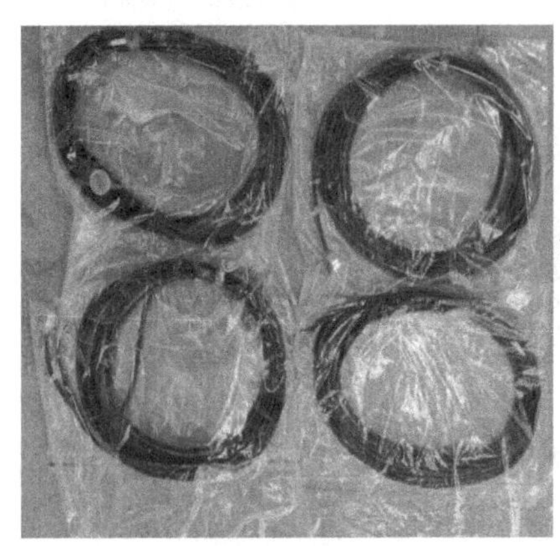

a)BY-3型压力盒

b)围岩—初期支护接触压力测点布置示意图

图 2-39 围岩—初期支护接触压力的测量

(3)钢拱架内力监测。为监测钢拱架应力在铜带内外侧成对布置 8 对应变片,测点布置与土压力盒相同,如图 2-40 所示。钢拱架依照开挖工法而改变,采用热缩管连接。根据测量钢拱架内外的应变值可以计算出钢拱架所受轴力值与弯矩值,计算公式如下:

$$N = \frac{1}{2}E(\varepsilon_{内} + \varepsilon_{外})bh \tag{2-4}$$

$$M = \frac{1}{2}E(\varepsilon_{内} - \varepsilon_{外})bh^2 \tag{2-5}$$

式中:E——衬砌的弹性模量,按实际取值;

$\varepsilon_{内}$——钢拱架内侧应变值;

$\varepsilon_{外}$——钢拱架外侧应变值;

b——钢拱架厚度;

h——钢拱架设置间距。

(4)应力应变采集箱。模型试验采用 TST3826F 静态应变测试系统采集,并使用计算机控制采集仪采集数据,试验结束后使用 Excel 处理数据。其中,钢拱架内外侧的应变片采用 1/4 桥连接,每 8 片应变片共用一个温度补偿片,土压力盒采用全桥连接,无温度补偿片,采集仪如图 2-41 所示。

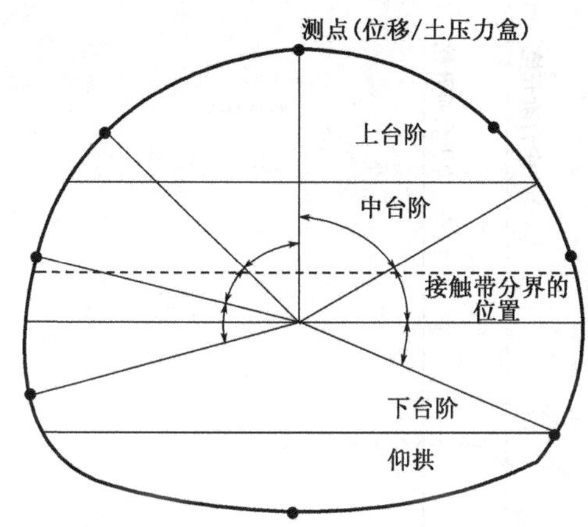

图 2-40　三台阶法钢拱架内力测点布置示意图

图 2-41　TST3826F 静态应变测试采集仪

5)模型试验工况

为了研究岩性分界面位于隧道断面不同位置时的支护结构力学特性,该模型试验设计了 3 种工况以研究接触带分界面空间位置对隧道围岩稳定性以及支护结构的力学特性影响规律,见表 2-8。

模型试验工况　　表 2-8

工　况	初期支护厚度(cm)	拱架间距(cm)	施工工法	接触带分界面位置
1	30	80	三台阶法	拱腰
2	30	80	三台阶法	拱顶上方 5m
3	30	80	三台阶法	拱顶上方 14m

2.3.2 接触带分界面位于拱腰试验工况

试验工况 1 模拟接触带分界面位于拱腰时的施工情况。为保证模型试验结果的可靠性,选取 2.1 节中 1 号监测断面的现场监测数据对模型试验结果进行对比验证。1 号监测断面的地层为红黏土—砂岩夹泥岩接触带,接触带分界面位于拱腰处,与工况 1 一致。

1)洞周变形

隧道围岩位移时程曲线如图 2-42 所示。从图 2-42 中可以看出,在监测断面开挖前围岩已经发生较大的预变形,拱顶、拱肩处预变形较大;位移值从大到小依次为拱顶、拱肩、拱腰、拱脚,位移值分别为 6.21cm、5.42cm、2.74cm、2.03cm;拱顶与拱肩处的位移要明显大于拱脚与拱肩处的位移值,说明隧道上方围岩稳定性较差。

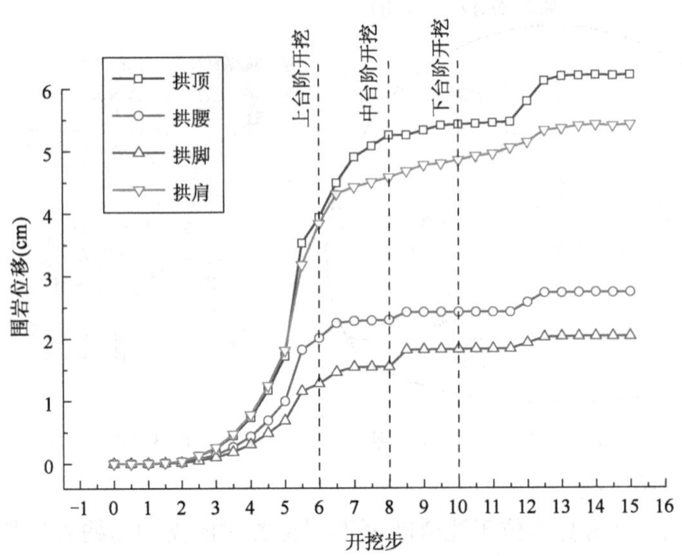

图 2-42　试验工况 1 围岩位移时程曲线

模型试验围岩位移稳定值与 1 号监测断面的位移稳定值对比结果见表 2-9。

模型试验工况 1 与 1 号监测断面位移稳定值对比　　表 2-9

项　目	拱顶(cm)	拱肩(cm)	拱腰(cm)	拱脚(cm)
1 号监测断面	4.00	3.35	4.27	—
模型试验工况 1	6.21	5.42	2.74	2.03

从表 2-9 中可知，模型试验与现场监测得到的断面变形规律相同，位移值从大到小均为拱顶、拱肩、拱腰、拱脚，说明模型试验中能够较好地模拟现场施工过程中的隧道变形。模型试验测得的结果较现场监测结果略大，差值在 2cm 左右。

2) 围岩—初期支护接触压力

通过土压力盒测量围岩—初期支护接触压力，并利用相似比计算出原型接触压力计算结果，如图 2-43 所示。从图中可以看出，拱顶和拱肩的接触压力较大，其余位置处的接触压力较小，以拱腰为分界线，隧道上部的围岩—初期支护接触压力较下部接触压力大 2 ~ 3 倍。说明接触带分界面以上的土体稳定性较差，在开挖过程中，隧道拱顶与拱肩处所承受的荷载较大。

3) 钢拱架内力

根据应变计所得到的钢拱架内、外侧应变值乘以材料的弹性模量便可计算出钢拱架内、外侧的应力值，再利用相似比计算出开挖后原型钢拱架内力，见表 2-10。

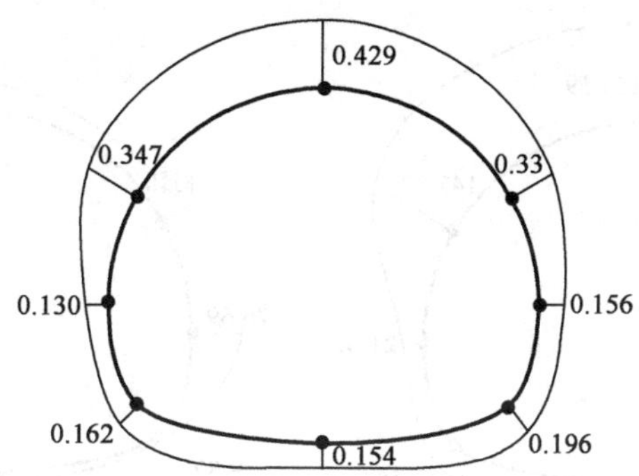

图 2-43 试验工况 1 接触压力分布(单位:MPa)

试验工况 1 钢拱架内力计算结果 表 2-10

位置	拱顶	左拱肩	右拱肩	左拱腰
钢拱架内侧应力值(MPa)	40.30	损坏	43.55	76.69
钢拱架外侧应力值(MPa)	151.59	106.83	147.72	54.06
轴力值(kN)	401.73	—	400.16	274.58
弯矩值(kN·m)	17.11	—	15.99	-3.50
位置	右拱腰	左拱脚	右拱脚	拱底
钢拱架内侧应力值(MPa)	56.32	9.37	6.62	5.51
钢拱架外侧应力值(MPa)	21.62	24.26	34.17	25.91
轴力值(kN)	163.67	70.62	85.68	65.98
弯矩值(kN·m)	-5.36	2.30	4.26	3.15

注:表中压应力为正,钢拱架内侧受拉时弯矩为负。其中,由于上台阶左侧内部应变计损毁,无法计算上台阶左侧的轴力与弯矩。

从表 2-10 可以看出,拱顶、拱肩、拱腰处的钢拱架应力值明显大于拱脚和拱底部位钢拱架应力值,但均未超过钢拱架材料破坏强度。其中,拱顶处钢拱架受力最不利,拱腰部位出现了负弯矩,但数值未超过材料破坏强度。

为进一步分析模型试验结果的可靠性,将 1 号监测断面钢拱架应力值(图 2-12)与模型试验工况 1 的测试结果(图 2-44)进行对比。不难看出模型试验与现场监测中的钢拱架应力分布规律相同,均为隧道上部压应力大于下部所受的压应力,与前述围岩位移和接触压力所得到的规律相近。

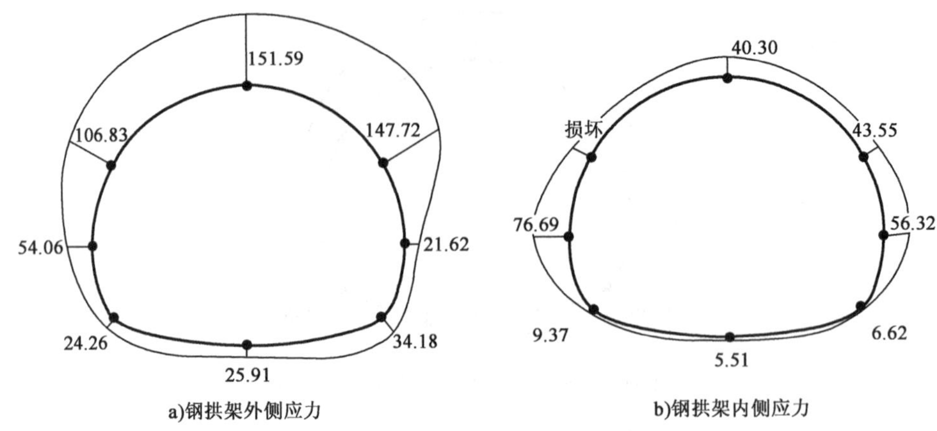

a)钢拱架外侧应力　　b)钢拱架内侧应力

图 2-44　试验工况 1 钢拱架受力分布(单位:MPa)

2.3.3 接触带分界面位于拱顶上方 5m 试验工况

试验工况 2 的模型土仍然为红黏土—砂岩夹泥岩接触带,只是接触带分界面位于拱顶上方 5m。

1)洞周变形

在每次开挖前读取百分表读数,根据得到的数据变化值乘以相似比得到原型隧道的围岩位移值,绘制得到的时程曲线如图 2-45 所示。从图中可以看出,在监测断面开挖前隧道周围的围岩已经发生较大的预变形,拱顶处的位移值变化明显,其次为拱肩,拱腰和拱脚处的位移变化较小,最终位移稳定值依次为 4.73cm、4.43cm、2.25cm、1.71cm,拱肩、拱顶处的围岩位移约为拱腰、拱脚处位移的 2 倍。说明接触带分界面位于隧道上方 5m 时,围岩位移依旧受到接触带分界面位置的影响,呈现出拱顶、拱肩处位移明显大于下部位移的规律。

为便于分析,现将试验工况 1 和工况 2 下的围岩位移稳定值进行对比,见表 2-11。从表中可以看出,工况 1 下的围岩位移较工况 2 的围岩位移大约 50%,说明接触带分界面位置对围岩位移稳定值有明显影响。

试验工况 1、2 的围岩位移稳定值对比　　表 2-11

分界面位置	拱顶(cm)	拱肩(cm)	拱腰(cm)	拱脚(cm)
拱腰	6.21	5.42	2.74	2.03
拱顶上方 5m	4.73	4.43	2.25	1.71

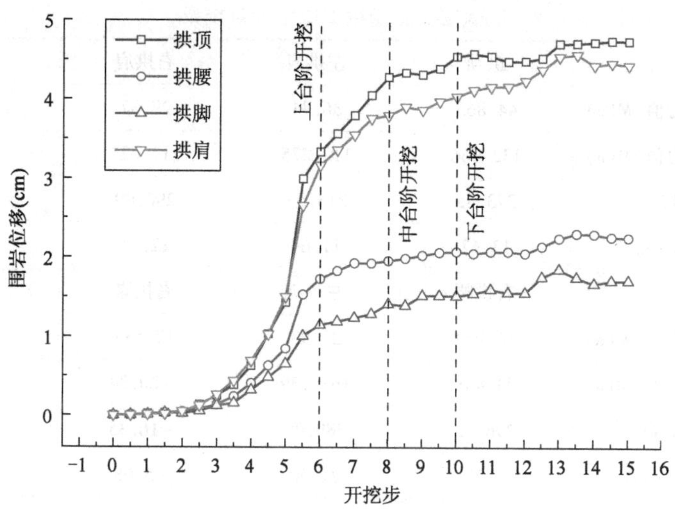

图 2-45 试验工况 2 围岩位移时程曲线

2)围岩—初期支护接触压力

根据模型试验测试数据,用几何相似比计算后得到对应原型的接触压力分布,如图 2-46 所示。从图中可以看出拱肩与拱顶处的接触压力明显大于其他位置处的接触压力,说明接触带分界面位置对隧道依旧存在影响,但与接触带分界面位于拱腰时相比,接触压力有所减小。

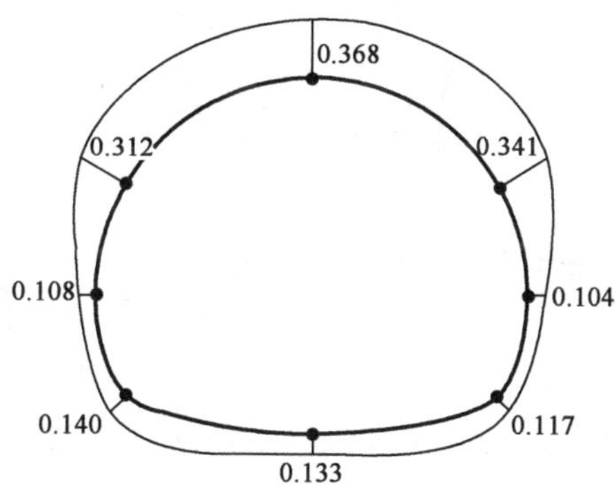

图 2-46 试验工况 2 接触压力分布(单位:MPa)

3)钢拱架内力

根据应变计所得到的钢拱架内、外侧应变值乘以材料的弹性模量,便可计算出钢拱架内、外侧的应力值,利用应力相似比得到试验工况 2 对应的开挖后原型钢拱架内力,计算结果见表 2-12。

试验工况 2 钢拱架内力计算结果　　表 2-12

位置	拱顶	左拱肩	右拱肩	左拱腰
钢拱架内侧应力值(MPa)	44.865	36.94	29.37	58.986
钢拱架外侧应力值(MPa)	132.966	112.275	111.627	109.152
轴力值(kN)	373.45	313.35	296.09	353.09
弯矩值(kN·m)	13.62	11.64	12.71	7.75
位置	右拱腰	左拱脚	右拱脚	拱底
钢拱架内侧应力值(MPa)	56.952	23.93	12.555	9.927
钢拱架外侧应力值(MPa)	84.438	161.739	-20.34	22.671
轴力值(kN)	296.92	389.90	-16.35	68.46
弯矩值(kN·m)	4.25	21.30	-5.08	1.97

图 2-47 为试验工况 2 的钢拱架受力分布图，相比于分界面位于拱腰时(试验工况 1)的钢拱架应力，分界面相对高度位于隧道上方 5m 时的钢拱架应力分布更加均匀。除部分监测点外，各位置的应力值均相比试验工况 1 有所减小，说明接触带分界面位于隧道断面外时隧道结构受力有所减小。

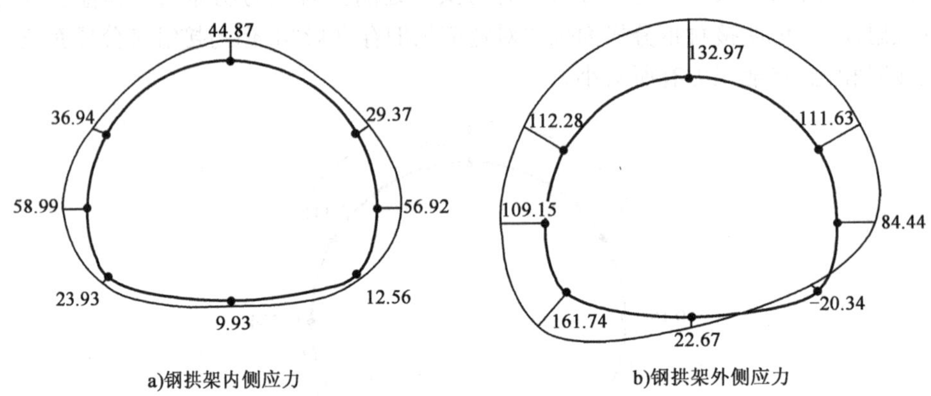

图 2-47　试验工况 2 钢拱架受力分布(单位:MPa)

2.3.4 接触带分界面位于拱顶上方 14m 试验工况

试验工况 3 模拟接触带分界面位于拱顶上方 14m 时的施工情况，结合现场施工时的地层情况、施工工法、支护方式，选取 4 号监测断面的现场监测数据与模型试验结果进行对比验证。

1)洞周变形

试验工况 3 的围岩位移时程曲线如图 2-48 所示。从图中可以看出,与前两种工况一致,在监测断面开挖前隧道围岩便已发生较大的预变形,围岩位移从大到小依次为拱顶、拱肩、拱腰、拱脚,围岩位移值分别为 4.46cm、3.89cm、3.28cm、2.44cm,拱顶与拱肩处位移与工况 1 相比减少了约 30%。同时工况 3 中接触带分界面上下的围岩位移差异减小很多,工况 1 中拱顶与拱脚处的差值约为 4cm,是工况 3 的 3 倍。说明接触带分界面对隧道上下部位的位移影响明显减少,结合一般隧道围岩位移规律,可以判断相对高度为 14m 时,接触带对围岩位移几乎无影响。

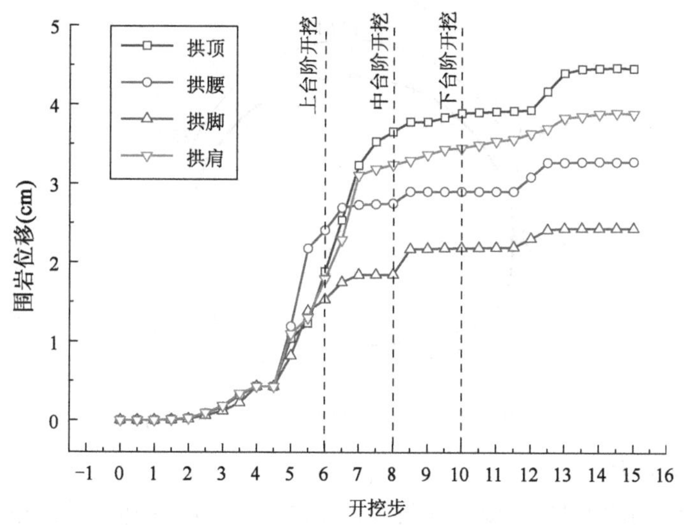

图 2-48 试验工况 3 围岩位移时程曲线

模型试验工况 3 的围岩位移稳定值与 4 号监测断面位移稳定值对比见表 2-13。从图 2-48 和表 2-13 的结果可知,模型试验与现场监测得到的围岩变形规律相同,位移值从大到小均为拱顶、拱肩、拱腰、拱脚,模型试验测得的结果与现场监测测量的围岩位移值几乎一致。相比于试验工况 1、工况 2,试验工况 3 中接触带分界面位置对隧道围岩位移的影响明显减小。

模型试验工况 3 与 4 号监测断面位移稳定值对比　　表 2-13

对 比 项 目	拱顶(cm)	拱肩(cm)	拱腰(cm)	拱脚(cm)
4 号监测断面	4.30	4.13	3.49	2.30
模型试验工况 3	4.46	3.89	3.28	2.44

2）围岩—初期支护接触压力

通过土压力盒测量初期支护与围岩之间的接触压力，利用相似比计算出对应原型的接触压力分布，如图2-49所示。从图中可以看出，相比于工况1、工况2，接触带分界面位于拱顶上方14m的工况下围岩—初期支护接触压力分布更加均匀，拱肩、拱顶处的接触压力与拱脚、仰拱处差值减小。且从数值上看，工况3下的接触压力仅为前两种工况的30% ~50%。与图2-22的4号断面实测结果相比，模型试验得到的应力分布规律一致，且从数值上看，模型试验结果与现场监测的结果符合较好。综上所述，接触带分界面相对拱顶14m时，接触带对隧道施工的影响可忽略不计。

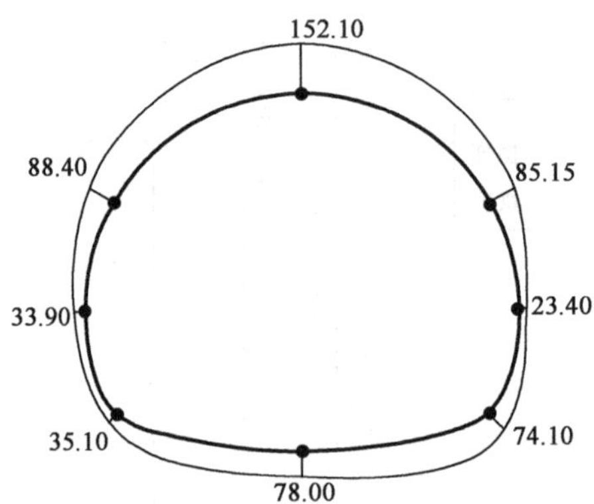

图2-49　试验工况3接触压力分布（单位：kPa）

3）钢拱架内力

根据试验测试值计算出试验工况3的钢拱架内、外侧的应力值，并根据应力相似比得到的开挖后原型钢拱架内力见表2-14。表中除拱底和右拱肩内侧应力值外，钢拱架内、外侧应力分布较为均匀，且相较于工况1、工况2下的钢拱架应力值有所减小。

试验工况3钢拱架内力计算结果　　表2-14

位置	拱顶	左拱肩	右拱肩	左拱腰
钢拱架内侧应力值（MPa）	37.67	66.94	8.93	23.16
钢拱架外侧应力值（MPa）	112.09	95.85	72.20	39.99
轴力值（kN）	314.50	341.86	170.36	132.62
弯矩值（kN·m）	11.50	4.47	9.78	2.60

续上表

位置	右拱腰	左拱脚	右拱脚	拱底
钢拱架内侧应力值(MPa)	30.67	23.31	29.77	13.23
钢拱架外侧应力值(MPa)	76.17	39.85	43.00	19.85
轴力值(kN)	224.37	132.62	152.80	69.46
弯矩值(kN·m)	7.03	2.56	2.04	1.02

为进一步分析模型试验结果的可靠性,将模型试验结果绘制空间分布图,如图2-50所示,并与4号断面钢拱架应力值(图2-51)进行对比。除拱顶、拱底外侧外,钢拱架应力分规律相似,应力分布较为均匀。在具体数值上,模型试验与现场实测的结果存在一定差别,可能是元器件安装或施工影响导致。

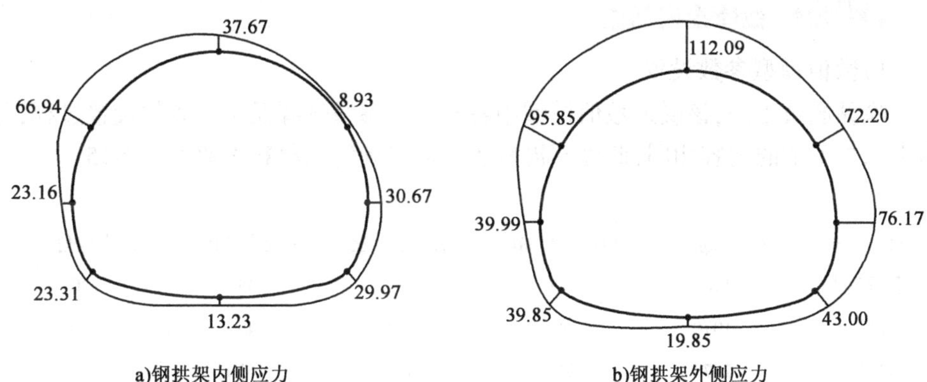

a)钢拱架内侧应力　　b)钢拱架外侧应力

图2-50　模型试验工况3钢拱架受力空间分布图(单位:MPa)

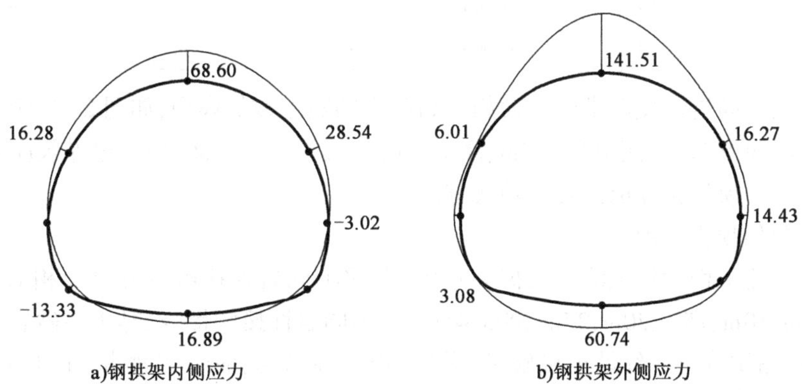

a)钢拱架内侧应力　　b)钢拱架外侧应力

图2-51　4号监测断面钢拱架受力空间分布图(单位:MPa)

2.4 不同岩性接触带分界面相对高度影响的数值模拟

为了继续深入探究不同岩性接触带分界面距离隧道拱顶的高度对隧道支护结构力学特性的影响，根据贾塬隧道实际地质条件和施工条件，以不同岩性接触带分界面相对隧道拱顶的垂直距离（h）为变量进行了数值模拟计算。

2.4.1 数值建模简述

1）数值模型参数设置

除黏质黄土外，该隧道数值模型中各材料的参数选择及边界条件设置过程，与本书2.2.1节的内容相同，此处不再赘述。最终确定的材料参数见表2-15。

模型计算参数　　表2-15

材　料	密度（kg/m^3）	弹性模量（MPa）	泊　松　比	黏聚力（kPa）	内摩擦角（°）
黏质黄土	1900	600	0.3	35	30
红黏土	1970	900	0.3	45	30
砂岩夹泥岩	2670	2000	0.2	4620	45
超前支护	2100	1200	0.3	70	30
钢拱架	79	200000	0.3	—	—
锚杆	79	200000	0.3	—	—

建立不同岩性接触带分界面相对高度下的隧道数值模型，如图2-52所示。垂直隧道轴线方向上，模型宽120m、高114m，远大于隧道断面尺寸，边界效应影响可忽略不计。模型长度取沿隧道轴线方向50m。

2）数值模拟工况

以依托工程设计工法和支护为基础，考虑不同岩性接触带分界面相对高度h（3m、5m、10m、15m、20m、27m、35m、41m）和不同岩性接触带（红黏土—砂岩夹泥岩接触带、黏质黄土—红黏土接触带、黏质黄土—砂岩夹泥岩接触带）的工况，设计了24种计算工况（表2-16），并建立相应的数值模型。

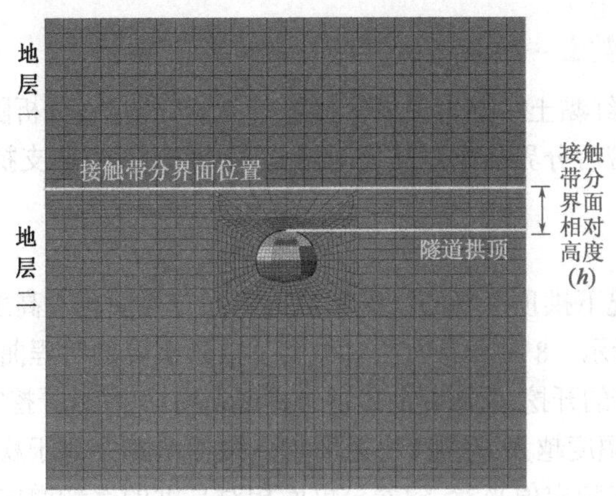

图2-52　分界面相对高度影响数值模型示意图

分界面相对高度影响计算工况　　表2-16

工况编号	接触带性质	接触带分界面相对高度(m)	工况编号	接触带性质	接触带分界面相对高度(m)
1	红黏土—砂岩夹泥岩	3	13	黏质黄土—红黏土	20
2	红黏土—砂岩夹泥岩	5	14	黏质黄土—红黏土	27
3	红黏土—砂岩夹泥岩	10	15	黏质黄土—红黏土	34
4	红黏土—砂岩夹泥岩	15	16	黏质黄土—红黏土	41
5	红黏土—砂岩夹泥岩	20	17	黏质黄土—砂岩夹泥岩	3
6	红黏土—砂岩夹泥岩	27	18	黏质黄土—砂岩夹泥岩	5
7	红黏土—砂岩夹泥岩	34	19	黏质黄土—砂岩夹泥岩	10
8	红黏土—砂岩夹泥岩	41	20	黏质黄土—砂岩夹泥岩	15
9	黏质黄土—红黏土	3	21	黏质黄土—砂岩夹泥岩	20
10	黏质黄土—红黏土	5	22	黏质黄土—砂岩夹泥岩	27
11	黏质黄土—红黏土	10	23	黏质黄土—砂岩夹泥岩	34
12	黏质黄土—红黏土	15	24	黏质黄土—砂岩夹泥岩	41

3)模拟开挖过程

根据设计资料和现场施工情况,数值模拟计算中采用三台阶预留核心土法进行隧道的开挖。模拟开挖时循环进尺为1.6m(两榀钢拱架),台阶长度依次为:上台阶长度4.8m,中台阶长度4.8m,下台阶长度4.8m。

2.4.2 红黏土—砂岩夹泥岩接触带计算工况

工况 1 ~ 8 以红黏土—砂岩夹泥岩接触带为研究对象,分析隧道穿越红黏土—砂岩夹泥岩接触带后分界面相对高度对隧道洞周变形、初期支护应力以及围岩塑性区的影响。

1)洞周变形

提取 8 种工况下拱顶沉降的数据绘制出不同分界面相对高度下拱顶沉降时程曲线,如图 2-53 所示。8 种分界面相对高度下拱顶沉降的时程曲线趋势一致,随着监测断面前方围岩的开挖,监测断面拱顶位移逐渐增加,并且开挖掌子面离监测断面越近,位移增加的幅度越大,呈现"快速增加—缓慢增加—趋于稳定"的变形规律。从最终的拱顶沉降稳定值来看,随着分界面相对高度的逐渐增加,拱顶沉降稳定值逐渐减小。其中,分界面相对高度为 3m 时,拱顶沉降稳定值最大,为 29.5mm;分界面相对高度为 41m 时,拱顶沉降稳定值最小,为 21.4mm;两者相差 27.5%。

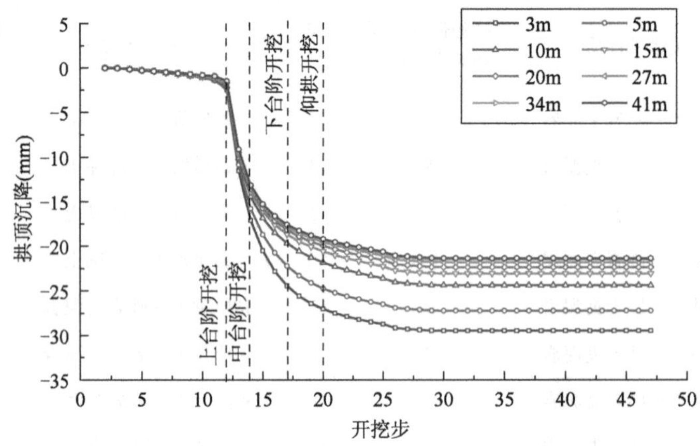

图 2-53 拱顶沉降时程曲线(计算工况 1 ~ 8)

绘制 8 种不同分界面相对高度下拱肩水平位移时程曲线,如图 2-54 所示。8 种不同分界面相对高度工况下,拱肩水平位移变化规律相同,均呈现"快速增加—缓慢增加—趋于稳定"的位移变化规律。从拱肩水平位移最终稳定值来看,随着分界面高度不断增加,拱肩水平位移逐渐增加,但增加的幅度较小。其中,分界面相对高度为 3m 时,拱肩水平位移稳定值最大,为 5.3mm;分界面相对高度为 41m 时,拱肩水平位移稳定值最小,为 5.0mm;二者相差 5.66%,较为接近。拱肩水平位移时程曲线与拱顶沉降时程曲线的变化规律基本一致,只是在数值上有所减小。

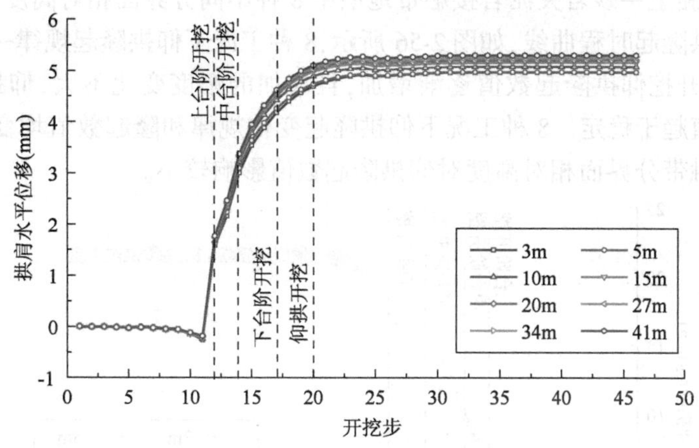

图 2-54　拱肩水平位移时程曲线(计算工况 1 ~ 8)

提取红黏土—砂岩夹泥岩接触带地层中 8 种不同分界面相对高度下拱腰水平位移值,绘制拱腰水平位移时程曲线如图 2-55 所示,拱腰水平位移随着掌子面中台阶开挖迅速增加,下台阶开挖时增加幅度逐渐减小,在仰拱开挖后逐渐趋于稳定。随着监测断面前方围岩的开挖,监测断面拱腰水平位移逐渐增加,并且开挖掌子面离监测断面越近,位移增加的幅度越大。8 种不同分界面相对高度下拱腰水平位移的最终稳定值相差不大,随着分界面相对高度的逐渐增加,拱腰水平位移略微有所增加。其中,分界面相对高度为 3m 时,拱腰水平位移稳定值最大,为 7.0mm;分界面相对高度为 41m 时,拱腰水平位移稳定值最小,为 6.4mm;二者仅相差 8.57%,较为接近。

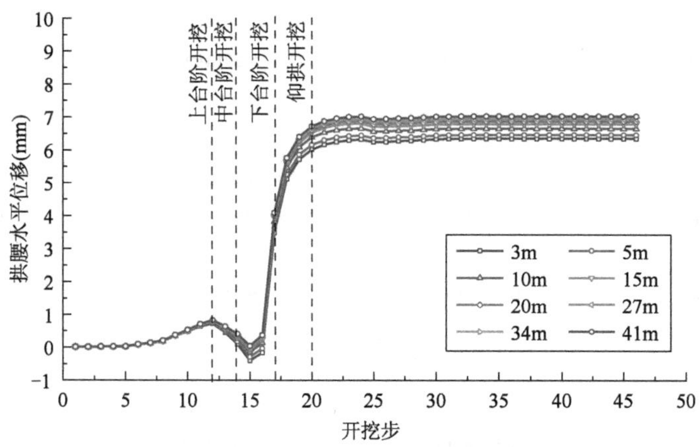

图 2-55　拱腰水平位移时程曲线(计算工况 1 ~ 8)

提取红黏土—砂岩夹泥岩接触带地层中 8 种不同分界面相对高度下仰拱隆起值，绘制仰拱隆起时程曲线，如图 2-56 所示，8 种工况下仰拱隆起规律一致，均是随着掌子面的开挖仰拱隆起数值逐渐增加，且增加的幅度变化不大，仰拱开挖完成后，隆起数值趋于稳定。8 种工况下仰拱隆起变化规律和隆起数值均变化不大，由此可见，接触带分界面相对高度对仰拱隆起数值影响较小。

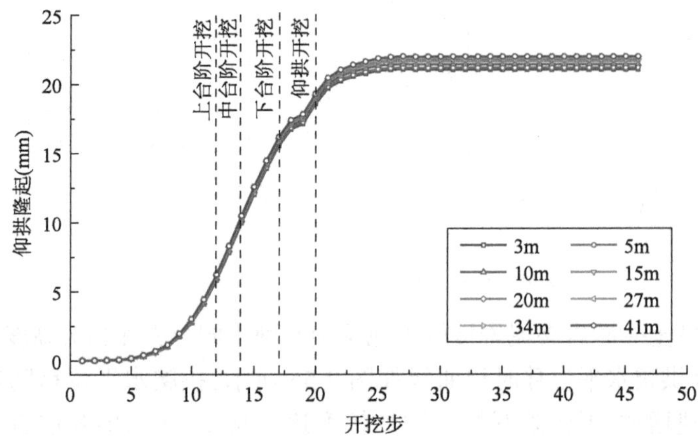

图 2-56　仰拱隆起时程曲线(计算工况 1 ~ 8)

2)初期支护应力

红黏土—砂岩夹泥岩接触带地层中 8 种不同分界面相对高度下初期支护压应力分布云图，如图 2-57 所示，8 种工况下初期支护的最大压应力均出现于拱肩部位，随着接触带分界面相对高度的增加而减小。可以看出接触带分界面的相对高度不改变初期支护的应力分布，但对结构最大压应力的数值有一定影响。

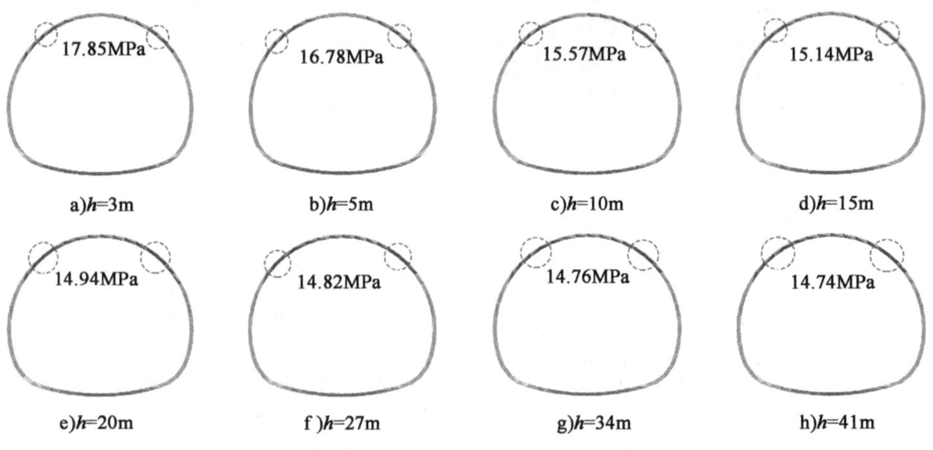

图 2-57　初期支护压应力分布云图(计算工况 1 ~ 8)

提取工况1~8隧道开挖完成后初期支护最大压应力值,并绘制出最大压应力值随红黏土与砂岩夹泥岩接触带分界面高度的变化规律,如图2-58所示,初期支护的最大压应力随着分界面相对高度的增加而逐渐减小,且以分界面相对高度15m为分界线分为"快速减小"和"趋于稳定"两个阶段。表明隧道拱顶距离接触带分界面超过15m时,接触带对初期支护最大压应力的影响可忽略不计。

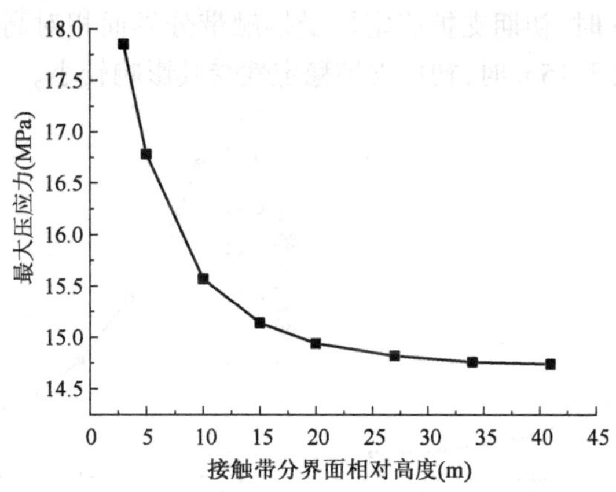

图2-58 初期支护最大压应力变化规律(计算工况1~8)

3)接触带分界面相对高度的影响规律

从图2-58可以观察到,随着接触带分界面相对高度变化,初期支护最大压应力值出现了逐渐趋于稳定的趋势(拐点在分界面高度为15m附近)。因此,此处继续深入分析探讨接触带分界面相对高度的影响规律,提取了初期支护拱顶沉降、拱腰水平位移等计算结果进行对比分析。

提取工况1~8隧道开挖完成后初期支护拱顶沉降稳定值和拱腰水平位移稳定值,并绘制出洞周变形随红黏土—砂岩夹泥岩接触带分界面相对高度的变化规律,如图2-59所示,初期支护的拱顶沉降值和拱腰水平位移随着分界面相对高度的增加而逐渐减小,且以分界面相对高度15m为分界线分为"快速减小"和"趋于稳定"两个阶段。表明隧道穿越红黏土—砂岩夹泥岩接触带之后,初期支护的结构稳定性越来越好,且隧道拱顶距离接触带分界面超过15m时,接触带对初期支护洞周变形的影响可忽略不计。

为了更直观地观察隧道洞周变形和初期支护应力随接触带分界面相对高度的变化规律,以各项数值的最大值为分母,各项数值为分子,定义分界面影响因子λ_h:

$$\lambda_h = \frac{N_i}{N_{\text{Max}}}(i = 1,2,\cdots,8) \tag{2-6}$$

式中，$N_{\text{Max}} = \text{Max}\{N_i\}(i = 1,2,\cdots,8)$；$N$ 代表最大压应力值、拱顶沉降值、拱腰水平位移和仰拱隆起值。绘制隧道洞周变形与初期支护应力影响因子变化曲线如图 2-60 所示。拱腰水平位移和仰拱隆起受接触带分界面相对高度的影响较小；拱顶沉降和初期支护应力受接触带分界面相对高度的影响较大。当接触带分界面相对高度小于 15m 时，初期支护稳定性受接触带分界面相对高度的影响较大，接触带分界面高度大于 15m 时，初期支护稳定性受其影响较小。

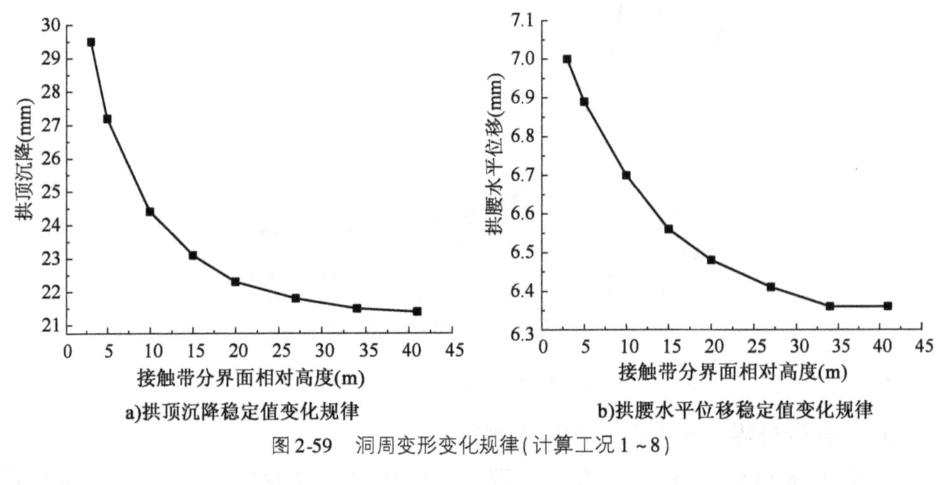

图 2-59　洞周变形变化规律（计算工况 1～8）

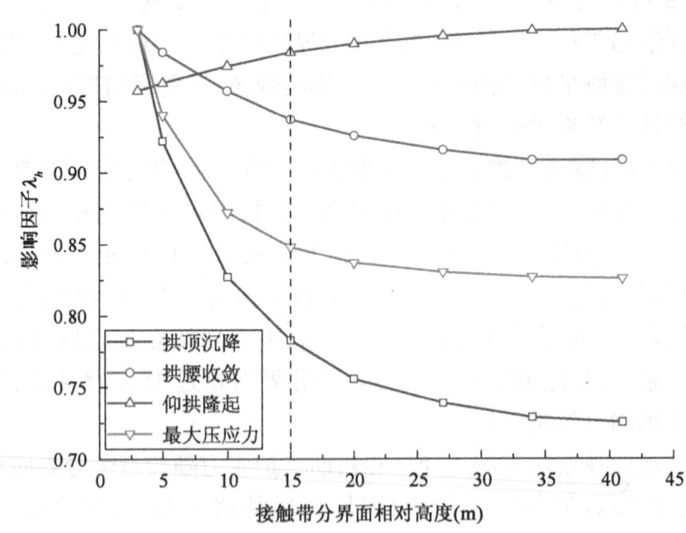

图 2-60　隧道洞周变形及初期支护应力影响因子变化规律（计算工况 1～8）

2.4.3 黏质黄土—红黏土接触带计算工况

计算工况9~16以黏质黄土—红黏土接触带为研究对象,分析隧道穿越黏质黄土—红黏土接触带后分界面相对高度对隧道初期支护变形、应力以及围岩塑性区的影响。

1)洞周变形

采用与红黏土—砂岩夹泥岩接触带地层条件下的隧道变形分析方法,提取8种工况下拱顶沉降的数值绘制出不同分界面相对高度下拱顶沉降时程曲线,发现黏质黄土—红黏土接触带的隧道位移变形规律与之类似。但不同的是,不同接触带分界面相对高度下的拱顶沉降相差不大,其中,分界面相对高度为3m时,拱顶沉降稳定值最大,为38.1mm;分界面相对高度为41m时,拱顶沉降稳定值最小,为32.8mm;二者仅相差13.9%,相对于前一种地层条件减少了一半。

根据同样的分析方法,发现拱肩沉降时程曲线与拱顶沉降时程曲线基本一致,只是在数值上有所减小,这与红黏土—砂岩夹泥岩地层条件的位移变化规律相同。从最终稳定值来看,随着黏质黄土—红黏土接触带分界面相对高度的增加,拱肩沉降逐渐减小。其中,分界面相对高度为3m时,拱肩沉降稳定值最大,为30.6mm;分界面相对高度为41m时,拱肩沉降稳定值最小,为27.3mm;二者相差10.8%。

由上述分析结果可以预测到:黏质黄土—红黏土接触带分界面相对高度对隧道支护结构位移的影响要小于红黏土—砂岩夹泥岩接触带,拱腰处的水平位移、拱脚处的水平位移以及仰拱处的隆起受不同接触带分界面相对高度的影响很小,数值相近。

2)初期支护应力

本组计算工况中8种不同分界面相对高度下初期支护应力分布云图相似,初期支护最大压应力均出现于拱肩部位。各工况下初期支护最大压应力值见表2-17。

初期支护最大压应力值(计算工况9~16)　　表2-17

接触带分界面相对高度	洞径倍数	最大压应力位置	最大压应力值(MPa)
3m	0.2*D*	拱肩	17.76
5m	0.4*D*	拱肩	17.49
10m	0.7*D*	拱肩	17.03

续上表

接触带分界面相对高度	洞径倍数	最大压应力位置	最大压应力值(MPa)
15m	1.1D	拱肩	16.80
20m	1.4D	拱肩	16.87
27m	1.9D	拱肩	16.78
34m	2.4D	拱肩	16.69
41m	2.9D	拱肩	16.67

3)接触带分界面相对高度的影响规律

综合隧道变形与初期支护应力结果,绘制隧道洞周变形与初期支护应力影响因子变化曲线,如图2-61所示。拱腰收敛和仰拱隆起受接触带分界面相对高度的影响较小;拱顶沉降和初期支护应力受其影响较大。当接触带分界面相对高度小于20m时,初期支护稳定性受接触带分界面相对高度的影响较大;接触带分界面相对高度大于20m时,初期支护稳定性受其影响较小。由于黏质黄土与红黏土两种围岩性质差别不大,接触带分界面相对高度对隧道的初期支护的稳定性整体影响较小。

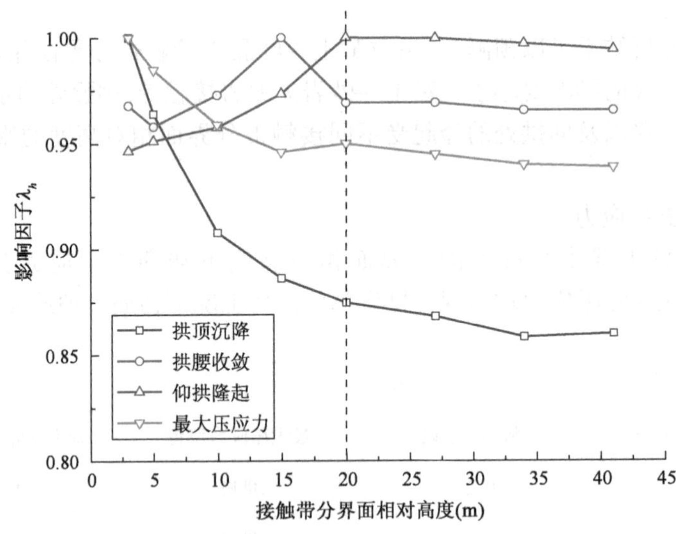

图2-61 隧道洞周变形及初期支护应力影响因子变化曲线(计算工况9~16)

2.4.4 黏质黄土—砂岩夹泥岩接触带计算工况

计算工况 17 ~ 24 以黏质黄土—砂岩夹泥岩接触带为研究对象,分析隧道穿越黏质黄土—砂岩夹泥岩接触带时分界面相对高度对隧道初期支护变形、应力以及围岩塑性区的影响。

整体而言,黏质黄土—砂岩夹泥岩接触带、红黏土—砂岩夹泥岩接触带的隧道变形规律相近,但在量值上有所增大,说明黏质黄土—砂岩夹泥岩接触带分界面相对高度的影响要大于红黏土—砂岩夹泥岩接触带。具体分析结果如下:

(1)分界面相对高度为 3m 时,拱顶沉降稳定值最大,为 32.3mm;分界面相对高度为 41m 时,拱顶沉降稳定值最小,为 21.0mm;二者相差 35.0%。

(2)分界面相对高度为 3m 时,拱肩沉降稳定值最大,为 20.7mm;分界面相对高度为 41m 时,拱肩沉降稳定值最小,为 14.9mm;二者相差 28%;分界面相对高度为 3m 时,拱腰水平位移稳定值最大,为 5.59mm;分界面相对高度为 41m 时,拱腰水平位移稳定值最小,为 3.89mm;二者相差 30.4%。

(3)8 种工况下初期支护的最大压应力均出现于拱肩部位,各工况下初期支护最大压应力值见表 2-18。

初期支护最大压应力值(计算工况 17 ~ 24)　　表 2-18

接触带分界面相对高度	洞径倍数	最大压应力位置	最大压应力值(MPa)
3m	0.2D	拱肩	18.29
5m	0.4D	拱肩	17.14
10m	0.7D	拱肩	15.79
15m	1.1D	拱肩	15.13
20m	1.4D	拱肩	14.75
27m	1.9D	拱肩	14.43
34m	2.4D	拱肩	14.25
41m	2.9D	拱肩	14.15

综合隧道变形与初期支护应力结果,绘制隧道洞周变形与初期支护应力影响因子变化曲线,如图 2-62 所示。仰拱隆起受接触带分界面相对高度的影响较小;当接触带分界面相对高度小于 15m 时,初期支护稳定性受其影响较大;接触带分界面相对高度大于 15m 时,初期支护稳定性受其影响较小。

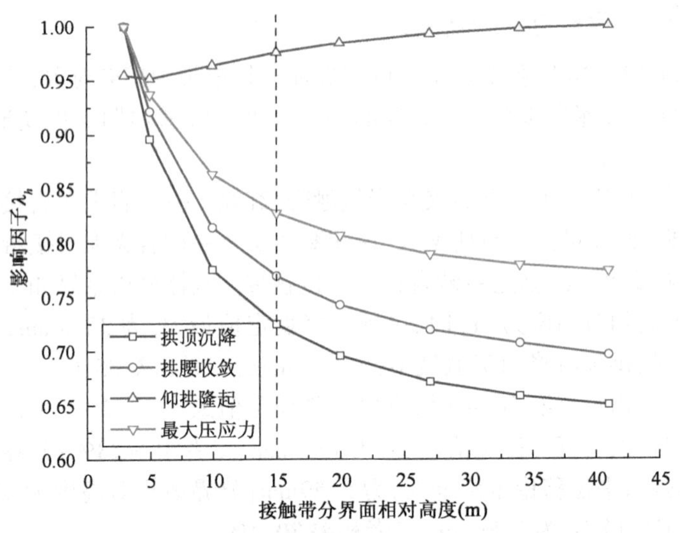

图 2-62　隧道洞周变形及初期支护应力影响因子变化曲线(计算工况 17 ~24)

2.5 本章小结

本章采用数值模拟、模型试验及现场监测的方式研究了隧道施工穿越三种不同岩性接触带条件下的支护结构力学特性和变形规律,并探索了接触带分界面相对高度的影响。具体的研究结论如下:

(1)当隧道开挖穿越不同岩性接触带时,支护结构的受力和变形主要受到接触带上部围岩的影响,上部围岩的工程性质越差则支护结构上部的受力和变形越大。经对比分析,现场监测和隧道施工数值模拟的结果呈现出同一规律。

(2)结合现场监测的结果,对红黏土—砂岩夹泥岩接触带分界面位置的影响开展了模型试验,研究结果表明当接触带分界面位置从拱腰不断上移时,红黏土—砂岩夹泥岩接触带对隧道支护结构受力和变形的影响逐渐减弱,当分界面位于拱顶以上 14m 时,可以认为不同岩性接触带分界面位置基本不再影响隧道支护结构的受力和变形。

(3)对三种不同岩性接触带条件下分界面相对高度 h 的影响开展数值模拟计算,并用分界面影响因子探讨 h 对隧道支护结构受力和变形的临界影响高度,得出红黏土—砂岩夹泥岩接触带地层中的临界影响高度为15m、黏质黄土—红黏土接触带地层为20m、黏质黄土—砂岩夹泥岩接触带地层为15m。

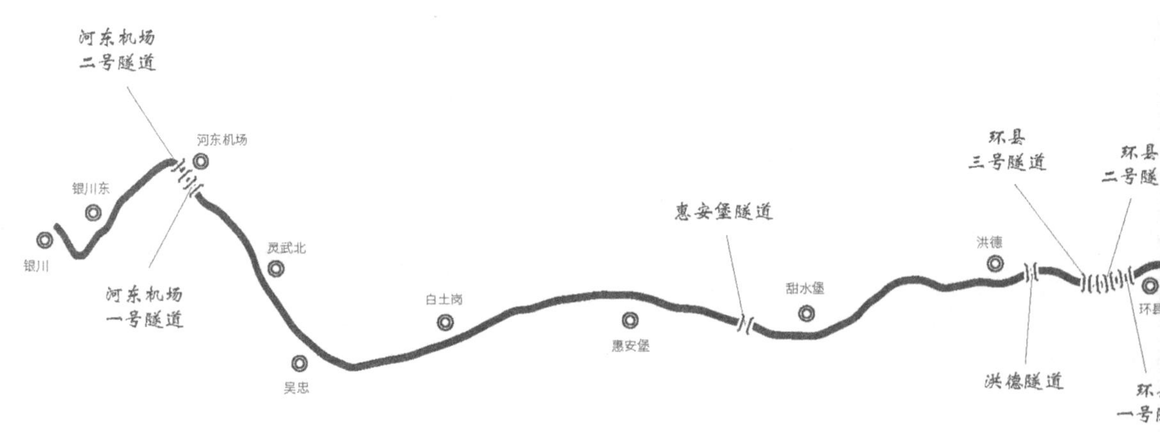

河东机场
二号隧道
河东机场
银川东
银川
河东机场
一号隧道
灵武北
吴忠
白土岗
惠安堡
惠安堡隧道
甜水堡
洪德
环县
三号隧道
洪德隧道
环县
二号隧
环县

第3章 穿越不同岩性接触带隧道施工工法和参数

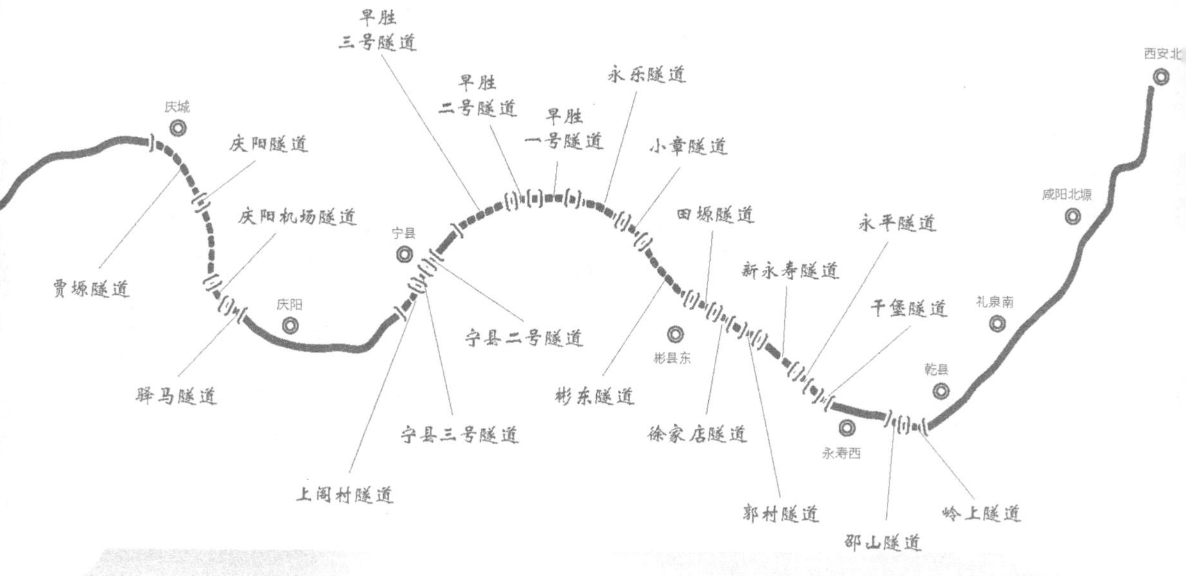

本章结合贯塬隧道施工工法和其中关键的施工参数开展模型试验，对隧道采用不同施工工法穿越不同岩性接触带时的围岩压力分布、初期支护应力状态以及变形规律进行研究，进而比选出不同类型岩性接触带地层条件下的隧道合理施工工法；之后通过数值模拟分析，进一步分析台阶高度、施工循环进尺等因素对隧道变形和支护结构受力的影响规律，对施工参数进行优化。

3.1 穿越不同岩性接触带的隧道施工工法模型试验

模型试验所对应的隧道原型断面应能充分涵盖贯塬隧道穿越各种接触带的总体特征，同时考虑长段落接触带最危险的断面工况。通过调研现场的设计和施工资料，最终确定以埋深最大的红黏土—砂岩夹泥岩接触带段落为原型，进行隧道开挖施工工法的模型试验研究。

3.1.1 模型试验方案简述

结合现场不同岩性接触带地层条件与支护参数，设计了3种模型试验工况，探究三台阶法、三台阶预留核心土法、两台阶法对隧道变形及支护结构受力的影响，模型试验工况见表3-1。各施工工法开挖方式如图3-1所示，图中序号代表开挖先后顺序，以三台阶预留核心土法为例，开挖顺序为1→2→3→4-1→4-2→4-3→5。

隧道施工工法比选模型试验工况　表3-1

工　况	初期支护厚度(cm)	拱架间距(cm)	施工工法	接触带分界面位置
1	30	80	三台阶法	拱腰
2	30	80	三台阶预留核心土法	拱腰
3	30	80	两台阶法	拱腰

基于模型试验采集到的隧道结构和周围地层的位移、围岩压力及钢拱架应力，研究了隧道采用不同施工工法穿越不同岩性接触带时隧道围岩压力分布、初期支护应力状态以及变形规律，比选出穿越不同岩性接触带隧道的合理施工工法。

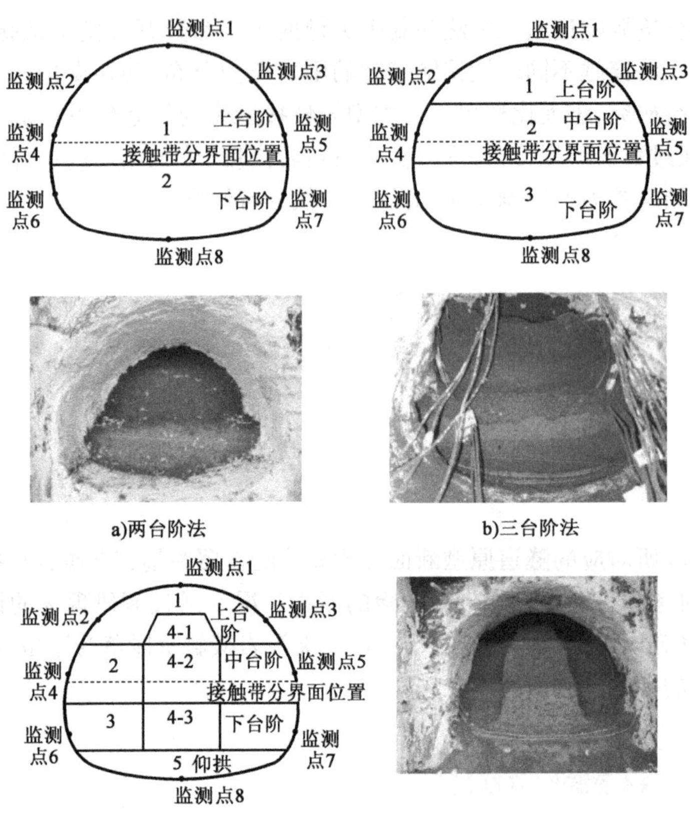

a)两台阶法

b)三台阶法

c)三台阶预留核心土法

图 3-1 不同施工工法开挖示意图

模型试验的相关参数设置和测试方法与第 2 章相同,此处不再重复介绍。

3.1.2 洞周变形

为分析不同施工工法对穿越红黏土—砂岩夹泥岩接触带隧道围岩洞周变形的影响,绘制不同工况下模型监测点的位移时程曲线,如图 3-2 所示,并提取不同施工工法下围岩位移的最终稳定值,见表 3-2。

模型试验不同施工工法围岩位移稳定值(cm) 表 3-2

施工工法	拱顶	拱肩	拱腰	拱脚
两台阶法	7.51	6.55	3.91	2.90
三台阶法	6.21	5.42	2.74	2.03
三台阶预留核心土法	4.77	4.59	2.05	1.52

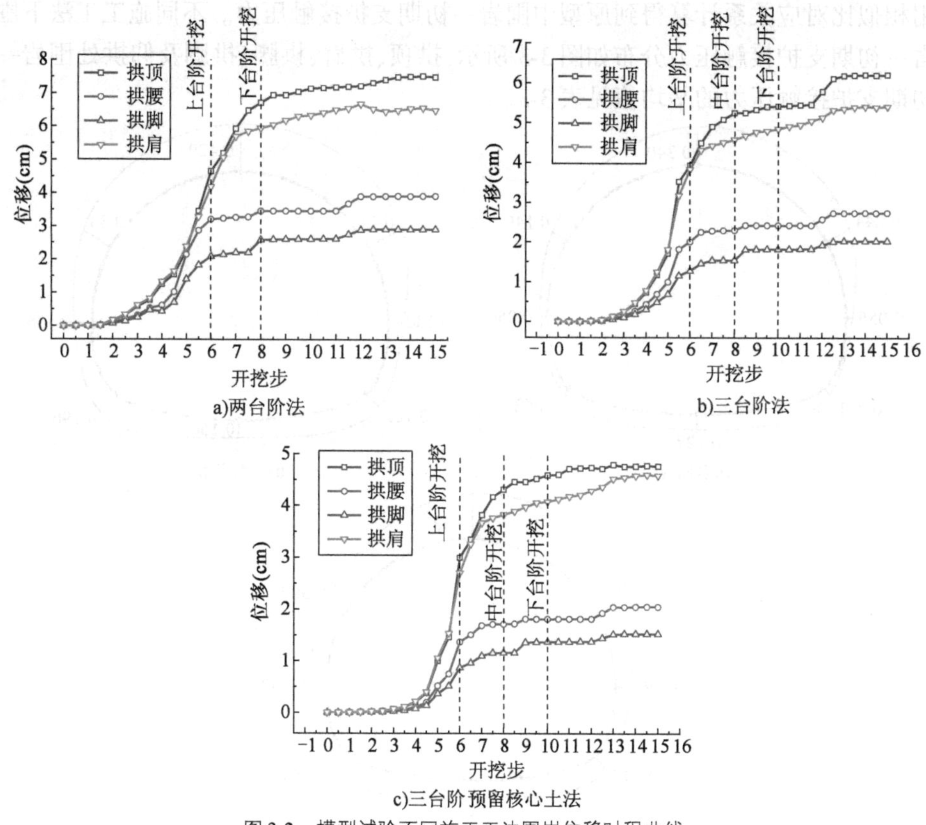

图 3-2 模型试验不同施工工法围岩位移时程曲线

从图 3-2 中可以看出,围岩位移最终稳定值从大到小依次为拱顶、拱肩、拱腰、拱脚,在监测断面开挖前隧道周围的围岩已经发生较大的预变形;不同施工工法下,随着开挖进尺的增加,围岩位移逐渐增大,且在开挖初期围岩位移增速很快,在下台阶开挖完成后围岩位移逐渐收敛。

从最终稳定值可以看出,围岩位移值从大到小依次为两台阶法、三台阶法、三台阶预留核心土法;以三台阶法为对照工况进行分析,两台阶法围岩位移较三台阶法增大了 20% ~42%,三台阶预留核心土法围岩位移较三台阶法减少了 18% ~34%,且不同施工工法对拱脚处的围岩位移影响最大,对拱顶处围岩位移影响最小。

3.1.3 围岩—初期支护接触压力

利用土压力盒测量围岩—初期支护接触压力,根据模型试验所得到的数据,利用相似比对应关系计算得到原型中围岩—初期支护接触压力。不同施工工法下围岩—初期支护接触压力分布如图3-3所示，拱顶、拱肩、拱腰、拱脚及仰拱处围岩—初期支护接触压力的平均值见表3-3。

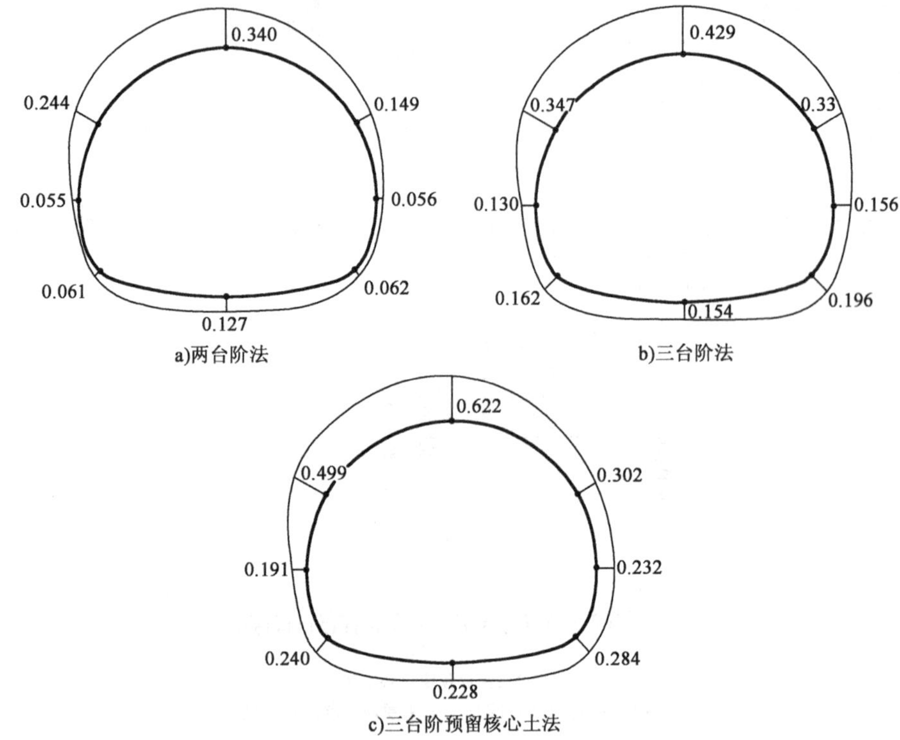

图3-3　模型试验不同施工工法下围岩—初期支护压力分布(单位:MPa)

模型试验不同施工工法下围岩—初期支护接触压力的平均值(kPa)　表3-3

施工工法	拱顶	拱肩	拱腰	拱脚	仰拱
两台阶法	340	197	56	62	127
三台阶法	429	339	143	179	154
三台阶预留核心土法	622	387	211	262	228

由图3-3可知，所测压力值除拱顶、拱肩外均较小，最大压应力位于拱顶处，拱肩和拱顶处的接触压力明显大于隧道其他部位的接触压力。模型左右两侧测点处的应力值差别很大，如采用三台阶预留核心土法时，左、右拱肩处的压力值分别为0.499MPa、0.302MPa。这是因为模型左右两侧土体交错开挖，导致模型左右两侧边墙围岩压力不对称。3种施工工法下围岩—初期支护接触压力分布规律相似，只是在数值大小上有所差别。

由表3-3可知，两台阶法的接触压力最小，其次为三台阶法、三台阶预留核心土法，结合围岩位移分析可知，当围岩位移较小时，围岩对结构的荷载更大。以三台阶法为对照工况进行分析，两台阶法下围岩的接触压力较三台阶法减少了17% ~65%，拱腰和拱脚处接触压力减少最为明显；三台阶留核心土法接触压力较三台阶法增加了12% ~32%，除拱肩处增大不明显外其余位置的接触压力均增大了30%左右。采用三台阶预留核心土法开挖，对模型土体的扰动更小，产生的围岩位移更小，接触压力反而增大了。这是由于在洞周极限位移范围内，位移减小，进而支护阻力增大，应力重分布的结果由支护结构承担一部分，造成接触压力增大。

3.1.4 钢拱架应力

根据应变计所得到的钢拱架内、外侧应变值乘以材料的弹性模量便可计算出钢拱架内、外侧的应力值，利用相似比对应关系得到开挖后原型钢拱架内力，并绘制成图3-4所示的钢拱架应力分布。

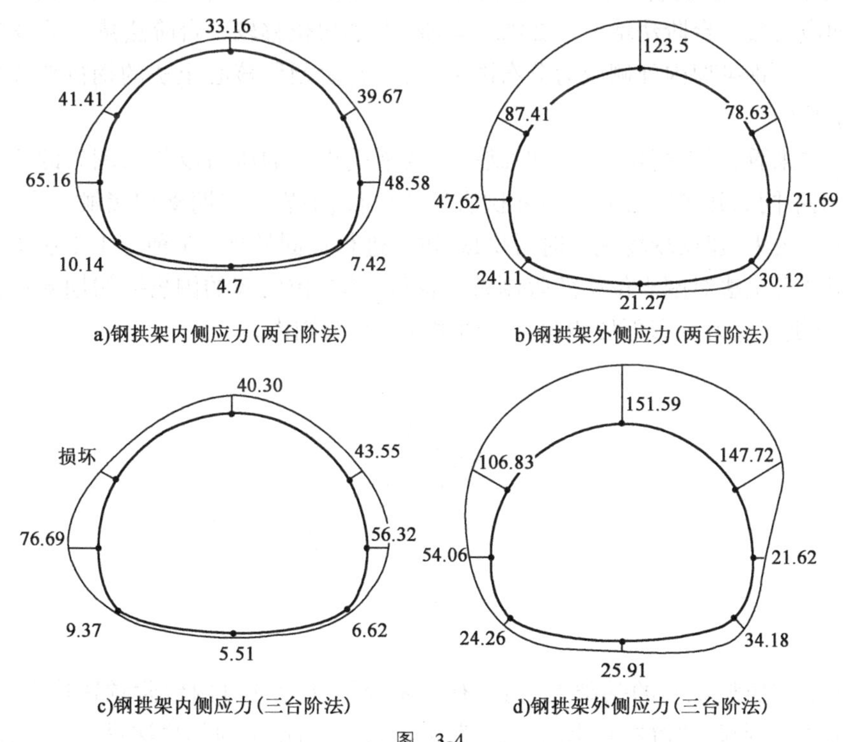

a)钢拱架内侧应力（两台阶法）　b)钢拱架外侧应力（两台阶法）

c)钢拱架内侧应力（三台阶法）　d)钢拱架外侧应力（三台阶法）

图 3-4

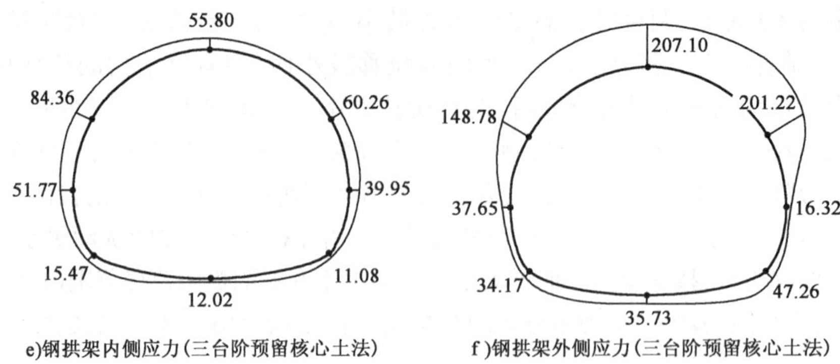

图 3-4　模型试验不同施工工法钢拱架应力分布(单位:MPa)

由图 3-4 可以看出,不同施工工法下钢拱架内外侧均受压应力,三台阶预留核心土法所受压应力最大,其次为三台阶法、两台阶法(应力最大值分别为 207.10MPa、151.59MPa、123.5MPa),应力最大值均位于拱顶处,应力最小值位于拱底。以三台阶法为对照工况进行分析,两台阶法钢拱架应力较三台阶法减少了 20% ~ 30%,但两台阶法围岩位移较三台阶法增大了 20% ~42%;三台阶预留核心土法钢拱架应力较三台阶法增大了 20% ~40%,其围岩位移较三台阶法减少了 18% ~ 34%。综合钢拱架内外侧应力分布图来看,三台阶预留核心土法的钢拱架应力分布更加均匀。

总体来看,当围岩位移较小时结构需要承受更大的压力以约束围岩的位移变形,采用不同的开挖工法时拱顶和拱肩处的位移、围岩—初期支护接触压力、钢拱架应力均较大,建议现场施工时对拱顶、拱肩进行加固处理。3 种施工工法中三台阶预留核心土法对围岩位移的限制效果最好,其开挖引起的围岩—初期支护接触压力、钢拱架应力分布更加均匀且量值也在安全范围内。

穿越不同岩性接触带的隧道施工工法数值模拟

本节在模型试验的基础上,利用有限差分软件分别对两台阶预留核心土法、三台阶法、三台阶预留核心土法、三台阶七步法、三台阶临时仰拱法进行对比分析,提出适用于三种类型接触带的合理施工工法，同时研究台阶高度、开挖进尺对支护结构的应力分布及围岩变形规律的影响。

3.2.1 数值建模简述

根据贾塬隧道的现场施工情况和设计资料，以红黏土—砂岩夹泥岩接触带(DK278 +273 ~ DK278 +555)为模型的原型基础，并通过变换围岩材料参数对黏质黄土—红黏土接触带、黏质黄土—砂岩夹泥岩接触带的地层条件进行模拟和分析。

建模时横向以隧道中线位置向两侧各取60m，竖向取仰拱底部以下50m、拱顶以上取50m(剩余埋深以竖向均布荷载的形式施加)，沿隧道轴向取40m。模型的底部边界采用竖向约束；前、后、左、右边界均采用水平约束。隧道围岩特性按弹塑性材料考虑，采用莫尔—库仑准则，初期支护采用壳(shell)单元，钢拱架采用梁(beam)单元。根据开挖对隧道结构影响大小的施工经验、计算经验和实际开挖步长，监测模型沿隧道轴向24m处的断面，数值模型及监测断面位置如图3-5所示。

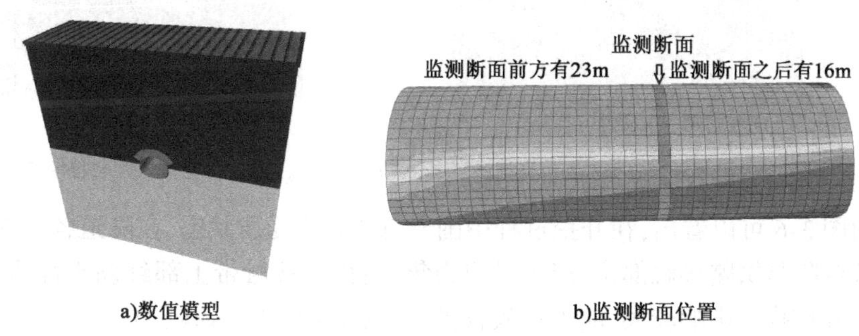

a)数值模型　　b)监测断面位置

图3-5　数值模型及监测断面位置

数值模型材料的物理力学参数确定方法及取值见本书2.2.1小节，此处不再赘述。

3.2.2 红黏土—砂岩夹泥岩接触带施工工法比选

针对红黏土—砂岩夹泥岩接触带地层上软下硬的特点，重点分析隧道围岩和初期支护的受力及位移特征。鉴于模型的对称性，应力云图取模型左半部分进行分析。

1)围岩应力

以三台阶预留核心土法为例，选取隧道施工监测断面循环的上台阶弧形导坑开挖、中台阶开挖、下台阶开挖和最终状态进行研究,不同开挖步下围岩主应力云图如图 3-6 所示。

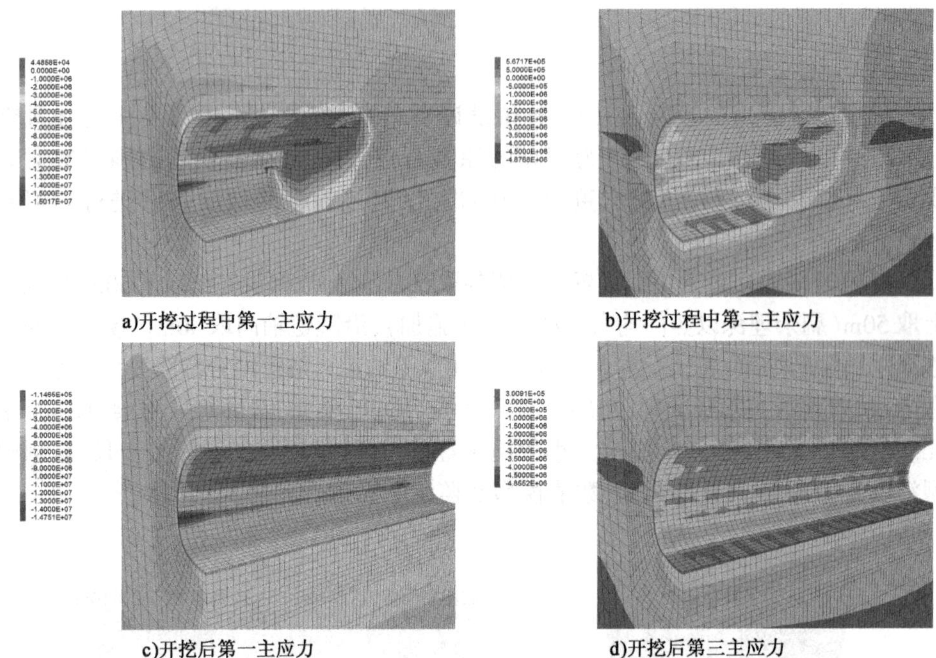

a)开挖过程中第一主应力　b)开挖过程中第三主应力

c)开挖后第一主应力　d)开挖后第三主应力

图 3-6　三台阶预留核心土法不同开挖步下围岩主应力云图(红黏土—砂岩夹泥岩接触带)

由图 3-6 可以看出,在开挖过程中围岩总体处于受压状态,在隧道各开挖面接触处及台阶与拱腰接触部位,产生了应力集中;由于接触带上部红黏土性质较差,受隧道开挖扰动影响较大,应力释放较多,导致围岩应力普遍较小。

从数值上来看,上台阶开挖后,拱肩接触部位产生了比较明显的压应力集中,最大值为 2.65MPa。在隧道上台阶处围岩出现较为明显的应力释放区,围岩应力整体较小,应力值不超过 0.8MPa。围岩的拉应力主要集中在中、下台阶土体部位和仰拱处,最大值为 0.48MPa,其中仰拱处最大值为 0.16MPa 左右。

中台阶开挖后,隧道围岩在中台阶与拱腰接触部位产生了应力集中,最大值为 9.4MPa,比上台阶开挖时增加了 6.8MPa。中上台阶部位依然存在较为明显的应力释放区,且围岩应力最大值不超过 0.23MPa,可见红黏土地层应力进一步释放。下台阶开挖后,应力集中依旧位于隧道围岩在拱腰位置处,最大值为 12.8MPa,比上台阶开挖时增加了 3.4MPa。红黏土地层围岩依然存在较明显的应力释放区,但是压应力小于 1MPa 的围岩面积减小,仅在拱肩附近出现。由此可知,由于开挖导致的应力释放，由于应力重分布，拱顶部位围岩再次逐渐承受压力，但数值依然很小。

下台阶开挖后，仰拱处出现拉应力，但数值较小，仅为0.17MPa左右。当模型整个隧道挖通之后，隧道围岩在拱腰靠下接触部位出现明显的应力集中，监测断面围岩应力最大值为12MPa，与下台阶开挖时相比，应力集中产生的围岩压应力数值相同。同时，仰拱处出现少量的拉应力，最大值为0.32MPa。

其他施工工法的围岩应力变化规律与三台阶预留核心土法类似，在开挖过程及开挖结束后有压应力集中现象，主要位于台阶分界部位，其中拱腰处的应力集中现象最为明显，该位置处的压应力也是整个过程中最大的。但不同施工工法开挖引起的围岩压力在数值上有所差异，表3-4给出了不同施工工法开挖引起的最大围岩压应力值。

不同施工工法最大围岩压应力（红黏土—砂岩夹泥岩接触带，MPa）　表3-4

施工工法	上台阶开挖	中台阶开挖	下台阶开挖	开挖后
两台阶预留核心土法	8.99	—	13.9	12.4
三台阶法	2.91	10.33	14.07	13.39
三台阶预留核心土法	2.65	9.40	12.80	12.00
三台阶临时仰拱法	2.57	9.12	12.42	11.64
三台阶七步法	2.54	8.84	12.23	11.48

表3-4中不同施工工法由上至下最大围岩压应力依次减小，隧道开挖后围岩更加稳定，说明以三台阶为基础的预留核心土等工法能够有效改善围岩应力分布。不同施工工法开挖引起的围岩最大压应力在中台阶开挖过程中增幅最大，应当重点关注中台阶施工过程；两台阶预留核心土法上台阶出现的最大压应力值可达到8.99MPa，与其他工法相比不安全。

2）洞周变形

以三台阶预留核心土法为例，对该地层条件下洞周变形规律进行分析，将隧道拱顶、拱肩、拱腰、拱脚、拱底的位移监测结果绘制成位移时程曲线，分别如图3-7、图3-8所示。

由图3-7可以看出，随着监测断面前方围岩的开挖，拱顶和拱肩监测点的位移逐渐增加，且掌子面离监测断面越近，位移增加的幅度就越大，监测断面各监测点的位移产生大幅波动。拱脚监测点随着隧道的开挖过程，竖向位移变化不明显；拱底监测点处随着仰拱的开挖，隆起有小幅的增加。随着隧道的开挖，拱顶处的竖向位移最大，为5.41cm；拱肩处竖向位移次之，为3.74cm，拱底隆起为2.40cm。

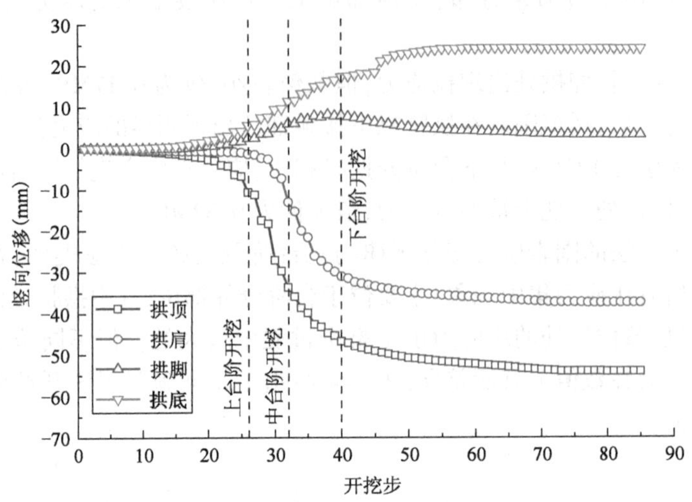

图 3-7　三台阶预留核心土法洞周竖向位移时程曲线(红黏土—砂岩夹泥岩接触带)

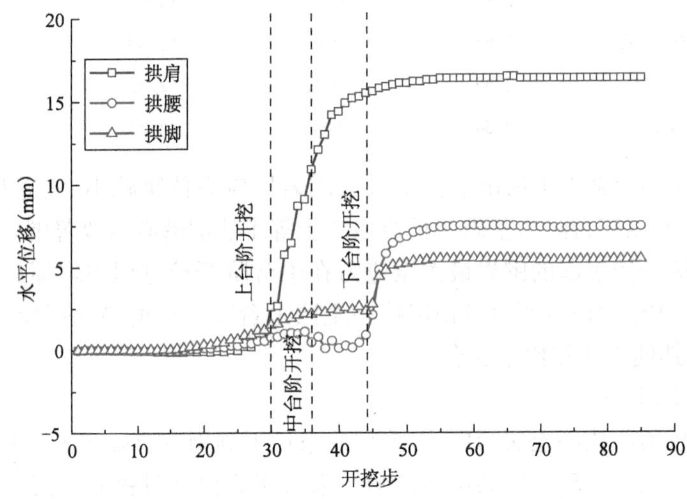

图 3-8　三台阶预留核心土法洞周水平位移时程曲线(红黏土—砂岩夹泥岩接触带)

由图 3-8 可以看出,随着监测断面前方围岩的开挖,拱肩水平位移逐渐增加,并且掌子面离监测断面越近,最终水平位移增加的幅度就越大。上台阶开挖时,拱肩水平位移产生大幅波动,最终水平位移值为 1.64cm,是洞周水平位移最大值。由于拱腰和拱脚位于不同岩性接触带下部的砂岩夹泥岩地层中,整体的水平位移值小于位于红黏土地层中的拱肩水平位移值。随着下台阶的开挖,拱腰水平位移值突然增加,超过拱脚水平位移值,最终稳定在0.74cm。

不同施工工法开挖引起的位移变化规律相似,只是在数值上有所差异,表3-5列出了不同施工工法下各监测点处的围岩位移。由表3-5可知,拱顶与拱肩处的围岩位移要远大于其他部位,这与隧道上层的红黏土有关,隧道上下土层的物理力学参数的差异是造成这种不均匀变形的主要原因;上部围岩位移大、应力释放多,所以围岩应力较下部围岩小,符合一般规律;在监测断面开挖前,隧道洞周便已经产生一定的位移。上台阶开挖过程中,围岩位移较大,占最终位移值的60%~70%。通过对比不同工法下的围岩位移,可以得出结论:三台阶七步法对位移的控制能力最好,三台阶法对位移的控制能力最差,但未超过允许值;与其他工法相比,两台阶预留核心土法对位移的控制能力较好,通过对模型开挖过程中支护闭合时间可知,两台阶预留核心土法的支护封闭最快,能够有效控制围岩变形。

不同施工工法各监测点围岩位移(红黏土—砂岩夹泥岩接触带,cm)　表3-5

监测部位	两台阶预留核心土法	三台阶法	三台阶预留核心土法	三台阶临时仰拱法	三台阶七步法
拱顶	4.72	5.69	5.41	4.72	4.69
拱肩	6.07	7.32	6.43	6.08	5.80
拱腰	0.66	0.80	0.74	0.66	0.61
拱脚	0.48	0.50	0.50	0.51	0.52
拱底	2.33	2.42	2.40	2.33	2.32

3)围岩塑性区

通过对比不同施工工法塑性区分布(图3-9)发现,塑性区主要分布在隧道上层,这与围岩应力分布相吻合,进一步说明了不同岩性接触带的特点。且几种工法间塑性区面积相近,均未超过加固区范围,仅三台阶七步法右侧塑性区略大,这是由于三台阶七步法开挖工序不对称导致的。

4)初期支护应力

以三台阶预留核心土法为例,分析在施工过程中初期支护应力的变化规律,各台阶开挖及最终开挖步时的初期支护主应力云图如图3-10所示。

由图3-10可知,随着开挖的逐渐深入,初期支护的应力逐渐增加,上台阶开挖时上台阶初期支护整体受压,有三处应力集中,其中拱顶压应力最大(3.7MPa)。中台阶开挖时,监测断面初期支护应力最大值依然位于拱顶部位,为14.2MPa,比上台阶开挖时最大压应力增加了10.2MPa。随着下台阶的开挖,仰拱封闭后初期支护封闭成环,压应力最大值从拱顶位置逐渐过渡到拱腰位置,为20.1MPa,且拱顶初期支护压应力也有所增加，拱顶处压应力增加到 17.7MPa，超过混凝土的设计抗压强度。

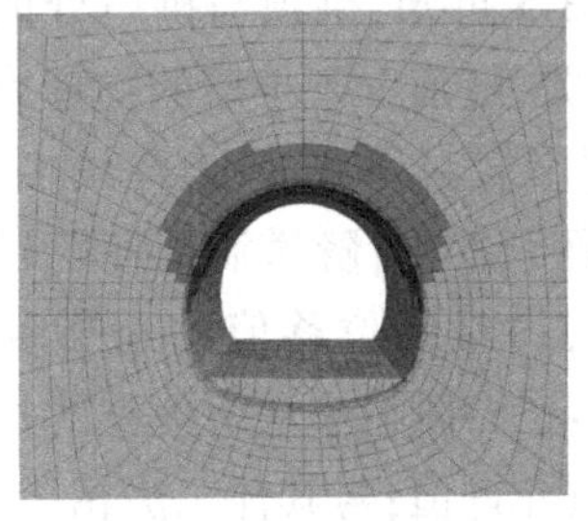

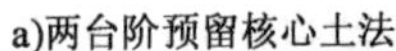

a)两台阶预留核心土法

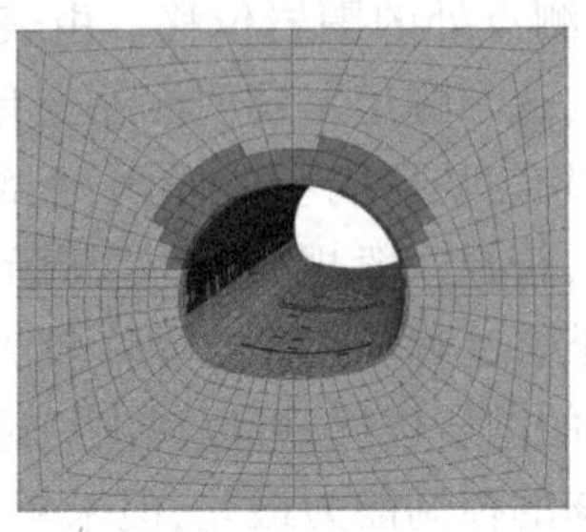

b)三台阶法

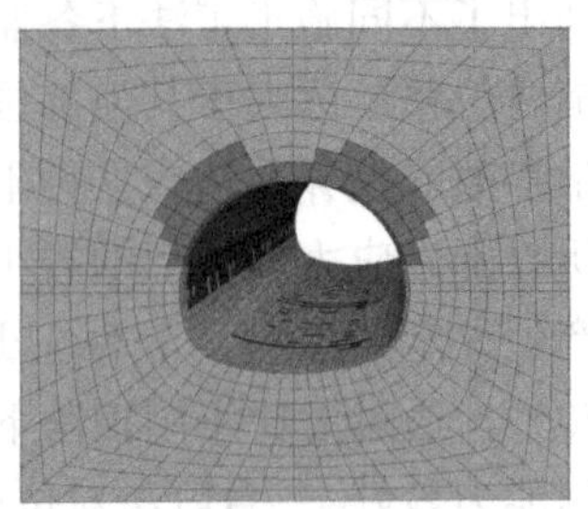

c)三台阶预留核心土法

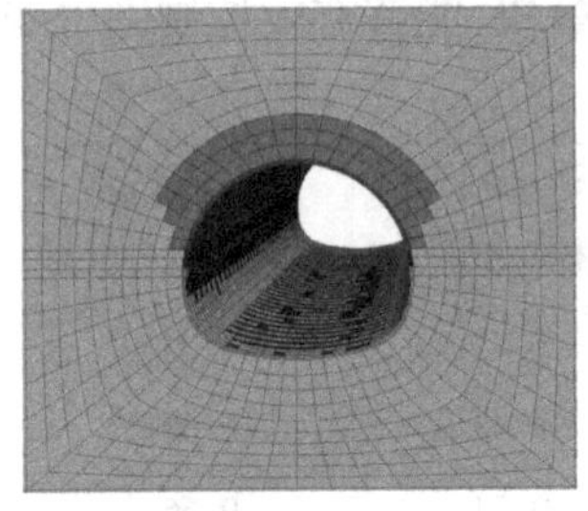

d)三台阶临时仰拱法

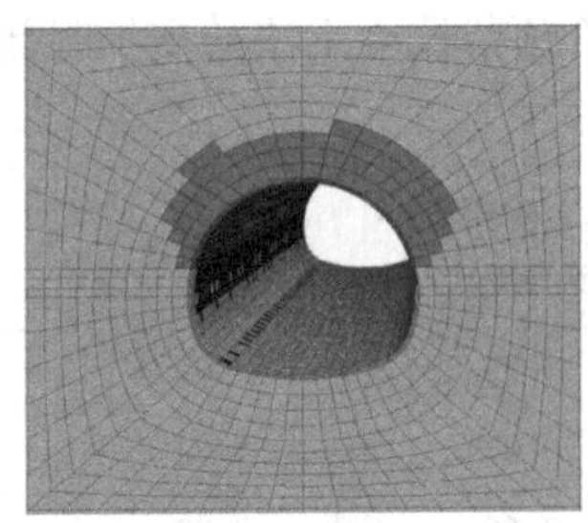

e)三台阶七步法

图 3-9　不同施工工法围岩塑性区分布(红黏土—砂岩夹泥岩接触带)

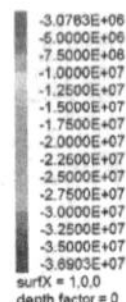

a)开挖时初期支护第一主应力

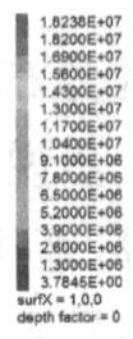

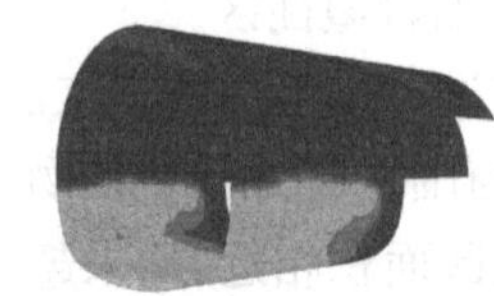

b)开挖时初期支护第三主应力

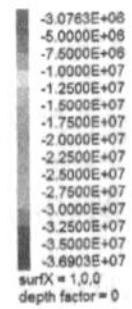

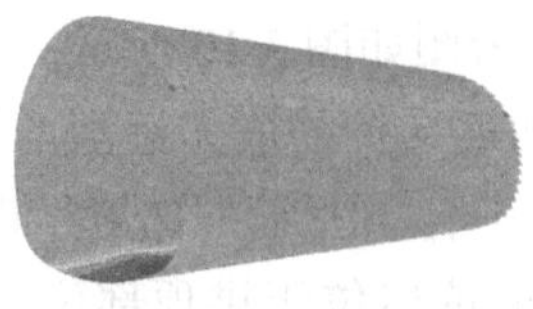

c)开挖后初期支护第一主应力

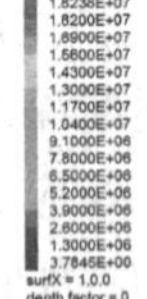

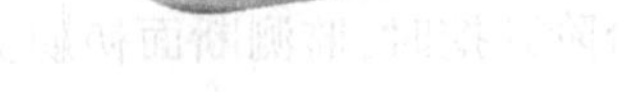

d)开挖后初期支护第三主应力

图 3-10　三台阶预留核心土法初期支护第一、第三主应力云图(红黏土—砂岩夹泥岩接触带)

不同施工工法开挖后初期支护各位置所受压应力见表3-6。从最终的初期支护受力来看,在拱肩下部和拱脚位置出现较大的混凝土压应力值,其中两台阶预留核心土法的最大压应力值最大。这是由于红黏土—砂岩夹泥岩接触带地层条件复杂,红黏土自承载能力差,施工中初期支护承担了来自围岩的大部分荷载,从而使得隧道围岩的应力松弛和应力集中得到控制,导致初期支护产生较大的内力。

不同施工工法初期支护所受压应力(红黏土—砂岩夹泥岩接触带,MPa) 表3-6

监测部位	两台阶预留核心土法	三台阶法	三台阶预留核心土法	三台阶临时仰拱法	三台阶七步法
拱肩	25.0	15.9	14.3	12.5	13.7
拱脚	24.0	13.9	13.0	12.0	12.3

不同施工工法的初期支护应力变化规律相似,在开挖过程中出现了应力集中。在中台阶开挖时拱肩处的应力集中最明显,随着闭合成环,最大压应力的位置有所下移,但依旧位于拱肩、拱腰处。部分工法在开挖后,随着掌子面的远离,初期支护所受压应力有所减小,同时压应力分布出现了变化,拱肩与拱脚处的压应力较大。整体来看,表3-6中所列施工工法由左至右,初期支护所受压应力逐渐减小,初期支护受力不均匀,但三台阶相关工法对这种支护不均匀受力有一定改善作用。

5)综合比选

根据对隧道穿越红黏土—砂岩夹泥岩岩性接触带各种工法的围岩位移、应力以及初期支护的受力特性分析可知,由于该接触带地层上部红黏土的自承载能力不高,为控制围岩的变形,支护结构成为重要的承载单元。从围岩应力来看,几种工法开挖时围岩应力在数值上变化不大,只是在分布上有所不同;从围岩位移来看,两台阶预留核心土法、三台阶法、三台阶预留核心土法、三台阶七步法均呈现相似的规律,但数值上存在差异。从拱腰收敛来看:两台阶预留核心土法 > 三台阶法 > 三台阶七步法 > 三台阶预留核心土法 > 三台阶临时仰拱法。

三台阶预留核心土法、三台阶临时仰拱法穿越红黏土—砂岩夹泥岩接触带时都能满足隧道结构稳定要求,其中三台阶预留核心土法更加安全。同时三台阶预留核心土法不需要设置临时支护和拆除临时支护的过程,施工进度更快,并且在遇到特殊地层时能快速转变为三台阶临时仰拱法。因此,隧道在穿越红黏土—砂岩夹泥岩接触带时选择三台阶预留核心土法更加合理。

3.2.3 黏质黄土—红黏土接触带施工工法比选

针对黏质黄土—红黏土接触带地层自稳能力差的特点,重点分析隧道围岩和初期支护的受力及位移特征。

1)围岩应力

以三台阶预留核心土法为例,选取监测断面施工循环的上台阶弧形导坑开挖、中台阶开挖、下台阶开挖和最终状态进行研究,各开挖步下围岩主应力云图如图3-11所示。

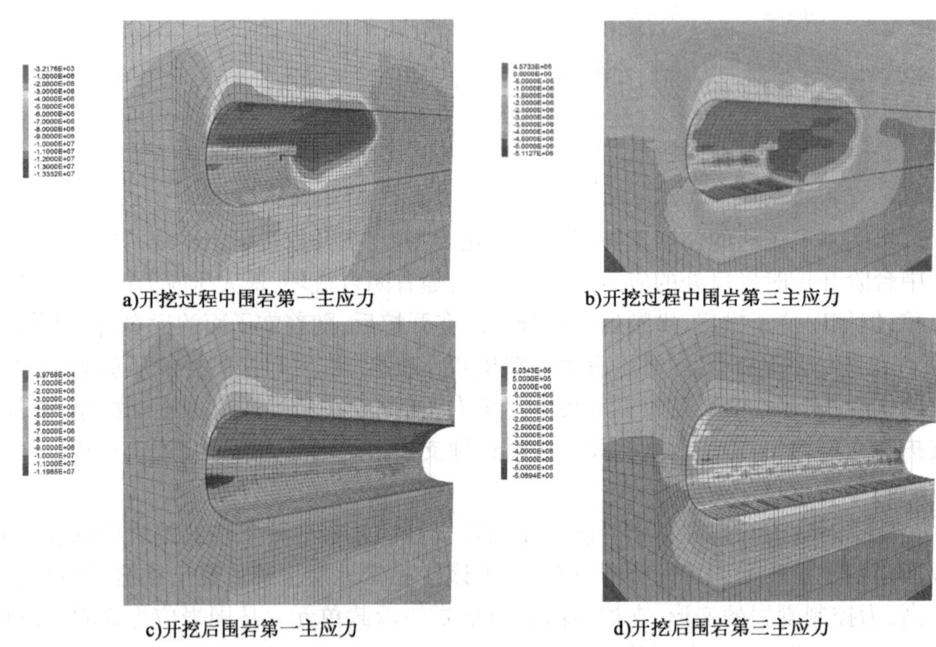

a)开挖过程中围岩第一主应力　b)开挖过程中围岩第三主应力

c)开挖后围岩第一主应力　d)开挖后围岩第三主应力

图3-11　三台阶预留核心土法不同开挖步下围岩主应力云图

由图3-11可知,围岩应力变化规律与红黏土—砂岩夹泥岩接触带类似,开挖时围岩总体处于受压状态,在隧道各开挖面接触处及台阶与拱腰接触部位,产生了应力集中;同时,由于接触带上部红黏土性质较差,受隧道开挖扰动影响较大,应力释放较多,导致围岩应力普遍较小。

上台阶开挖后,在上台阶与拱肩接触部位产生了比较明显的压应力集中现象,最大值为2.65MPa。在隧道上台阶处围岩出现较为明显的应力释放区,围岩应力整体较小,应力值不超过0.8MPa。围岩的拉应力主要集中在中、下台阶土体部位和仰拱处,最大值为0.48MPa,其中仰拱处最大值为0.16MPa左右。

中台阶开挖后,隧道围岩在中台阶与拱腰接触部位产生了应力集中,最大值为9.4MPa,比上台阶开挖时增加了6.8MPa。中上台阶部位依然存在较为明显的应力释放区,且围岩应力最大值不超过0.23MPa。

下台阶开挖后,隧道围岩在拱腰处产生了应力集中,最大值为12.8MPa,比中台阶开挖时增加了3.4MPa。红黏土地层围岩依然存在较明显的应力释放区,但是压应力小于1MPa的围岩面积减小,仅在拱肩附近出现。由此可知,由于开挖导致的应力释放和重分布,使拱顶部位围岩再次逐渐承受压力,但数值依然很小。下台阶开挖后,仰拱处出现拉应力,但数值较小,仅为0.17MPa左右。

当整个隧道模型挖通之后,隧道围岩在拱腰靠下接触部位出现明显的应力集中,监测断面围岩应力最大值为12MPa,与下台阶开挖时相比,应力集中产生的围岩压应力数值相同。同时,仰拱处出现少量的拉应力,最大值为0.32MPa。

统计各种施工工法下围岩最大压应力见表3-7。在黏质黄土—红黏土接触带中,围岩压力相较于红黏土—砂岩夹泥岩接触带地层有明显的减小;在开挖过程中,同样存在应力集中现象,但并不明显,数值上也相对于红黏土—砂岩夹泥岩接触带小;从最大压应力数值上看,两台阶预留核心土法与三台阶法相近(约为11MPa),其他三台阶相关工法数值相近(约为9MPa)。说明与前两种工法相比,三台阶预留核心土法能够有效改善围岩应力。

不同施工工法最大围岩压应力(黏质黄土—红黏土接触带,MPa) 表3-7

施工工法	上台阶开挖	中台阶开挖	下台阶开挖	开挖后
两台阶预留核心土法	8.99	—	13.90	11.90
三台阶法	2.41	8.55	11.65	10.92
三台阶预留核心土法	2.04	7.24	9.86	9.24
三台阶临时仰拱法	1.95	6.91	9.41	8.82
三台阶七步法	1.86	6.58	8.96	8.40

2)洞周变形

以三台阶预留核心土法为例对该地层条件下洞周变形变化规律进行分析,分别对沿隧道轴线中截面(监测断面)处洞壁监测点(拱顶、拱肩、拱腰、拱脚、拱底)的位移结果进行监测,提取结果绘制洞周位移时程曲线,分别如图3-12、图3-13所示。

由图3-12可知,随着监测断面前方围岩的开挖,拱顶和拱肩监测点的位移逐渐增加,并且开挖掌子面离监测断面越近,位移增加的幅度就越大;在监测断面时,各监测点的位移产生大幅波动。对比4条曲线可知,随着隧道的开挖,拱顶处竖向位移最大,为9.91cm;拱肩处竖向位移次之,为6.77cm;拱底最终隆起值为5.3cm。

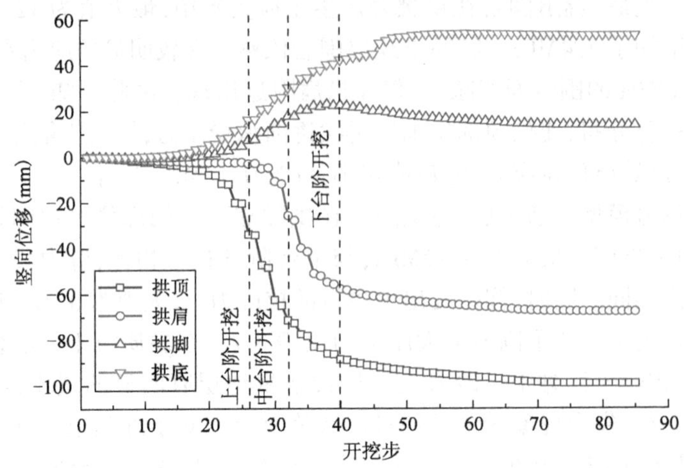

图 3-12　三台阶预留核心土法洞周竖向位移时程曲线(黏质黄土—红黏土接触带)

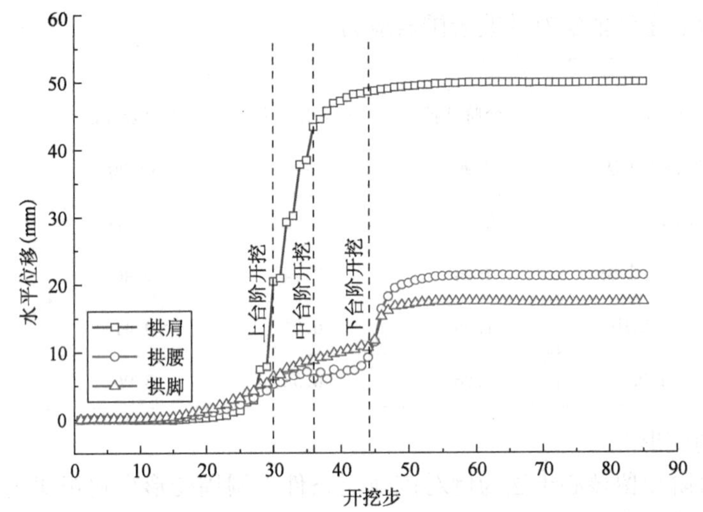

图 3-13　三台阶预留核心土法洞周水平位移时程曲线(黏质黄土—红黏土接触带)

由图 3-13 可知,随着监测断面前方围岩的开挖,拱肩监测点的水平位移值逐渐增加,并且开挖掌子面离监测断面越近,位移增加的幅度就越大。上台阶开挖时,拱肩监测点水平位移值产生大幅波动,最终水平位移值为 5.0cm,是洞周监测点水平位移最大值。拱腰和拱脚监测点由于全部位于不同岩性接触带下部地层中,整体的水平位移值小于位于红黏土地层中的拱肩监测点。随着下台阶的开挖,拱腰水平位移值突然增加,超过拱脚水平位移值,最终稳定在 2.13cm。

不同施工工法下各监测点最大位移见表 3-8。整体而言,黏质黄土—红黏土接触带地层依旧存在隧道洞周变形不均匀的情况，说明上部围岩的物理性质较差，在施工时应重点监测拱顶沉降；从数值上看，该地层条件下，洞周位移偏大、应力释放较多。与红黏土—砂岩夹泥岩接触带不同的是，在该地层条件下，三台阶法与三台阶七步法未能有效改善洞周位移，难以控制隧道变形。经初步分析，这与支护闭合时机有关，封闭得越慢，洞周变形越大，在土层隧道这种现象极为明显；对比三台阶法、三台阶预留核心土法、三台阶临时仰拱法发现，及时封闭支护能够有效减少洞周水平位移，三台阶临时仰拱法对围岩变形有较好的控制能力，但对竖直方向的沉降控制能力有限。

不同施工工法各监测点最大位移(黏质黄土—红黏土接触带，cm)　　表3-8

监测部位	两台阶预留核心土法	三台阶法	三台阶预留核心土法	三台阶临时仰拱法	三台阶七步法
拱顶	8.14	10.80	9.91	10.00	19.5
拱肩	5.61	8.51	8.42	4.65	19.03
拱腰	2.80	2.23	2.13	2.05	12.20
拱底	5.04	5.32	5.30	5.21	12.50

3)围岩塑性区

对比不同施工工法围岩塑性区分布(图3-14)发现，除三台阶七步法外，开挖引起的围岩塑性区主要分布在隧道上层，这与围岩应力分布相吻合，进一步说明了不同岩性接触带的特点；除三台阶七步法外，其他几种工法间塑性区范围相近，均未超过加固区范围。三台阶七步法由于开挖步骤多，对围岩的扰动大，因此塑性区范围扩展到了隧道全断面周边一定范围。

4)初期支护应力

以三台阶预留核心土法为例简要分析在施工过程中初期支护应力的变化规律，取各台阶开挖及最终开挖步时初期支护的应力特征分析，部分主应力云图如图3-15所示。

由图3-15可知，随着开挖的逐渐深入，初期支护的受力逐渐增加，上台阶开挖时，上台阶初期支护整体受压，有三处应力集中，其中拱顶压应力最大，为3.7MPa。中台阶开挖时，监测断面初期支护应力最大值依然位于拱顶部位，为14.2MPa，比上台阶开挖时最大压应力增加了10.2MPa。随着下台阶的开挖，仰拱封闭后，初期支护封闭成环，压应力最大值从拱顶位置逐渐过渡到拱腰位置，为20.1MPa，且拱顶初期支护压应力也有所增加，增加至17.7MPa，超过混凝土的设计抗压强度。

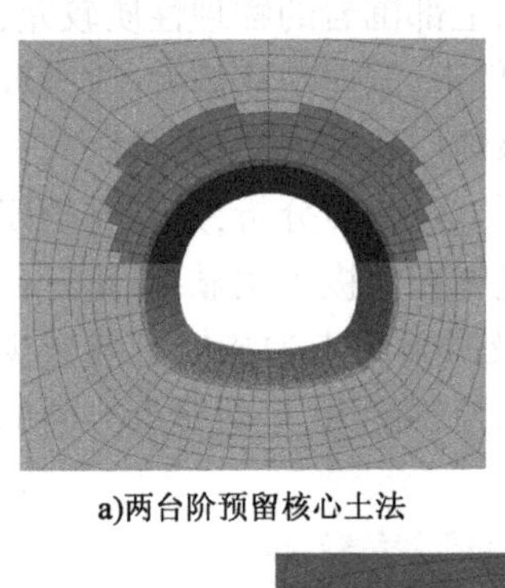

a)两台阶预留核心土法　　b)三台阶法

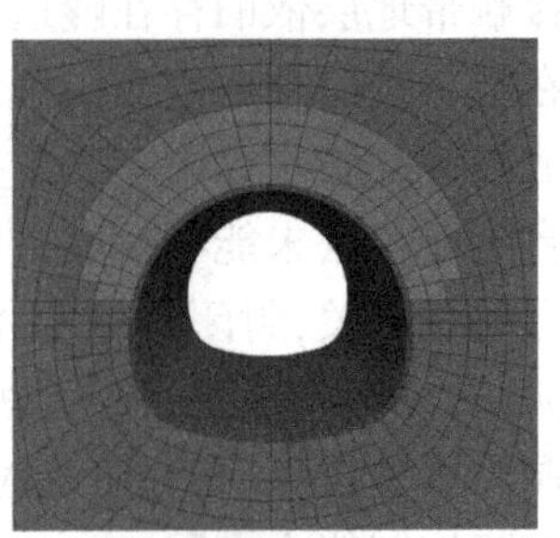

c)三台阶预留核心土法

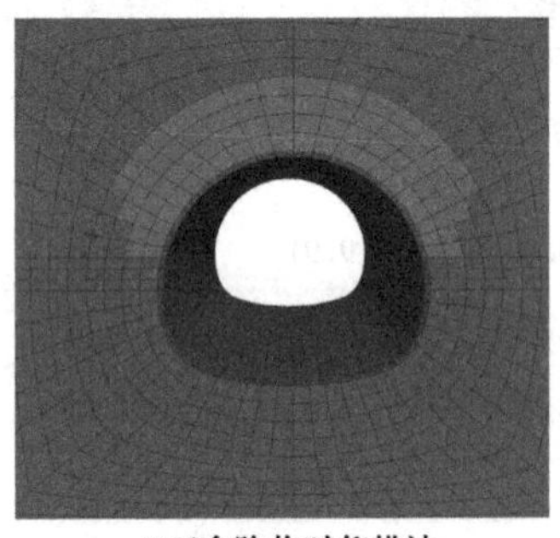

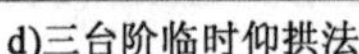

d)三台阶临时仰拱法

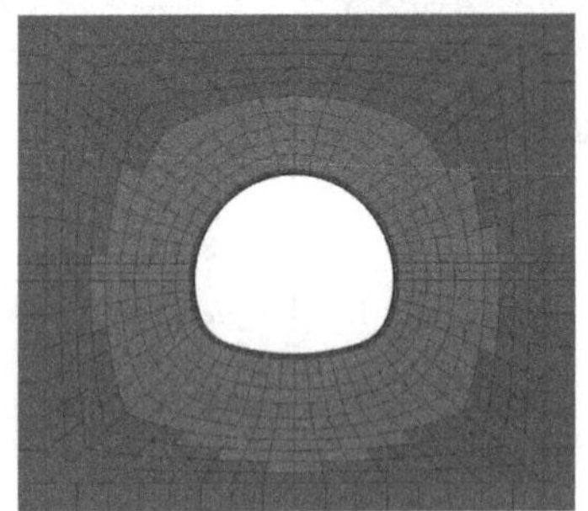

e)三台阶七步法

图 3-14　不同施工工法围岩塑性区分布(黏质黄土—红黏土接触带)

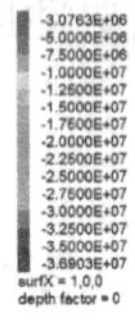

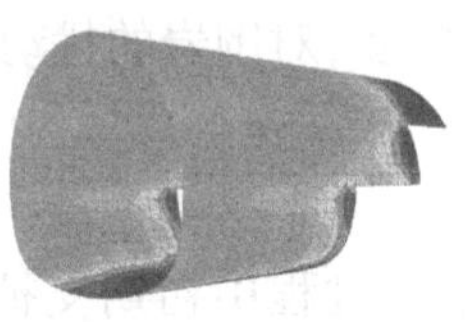

a)开挖过程中初期支护第一主应力

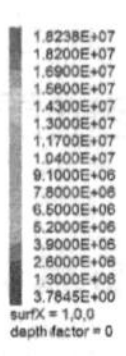

b)开挖过程中初期支护第三主应力

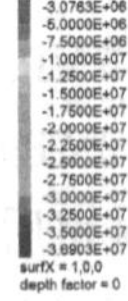

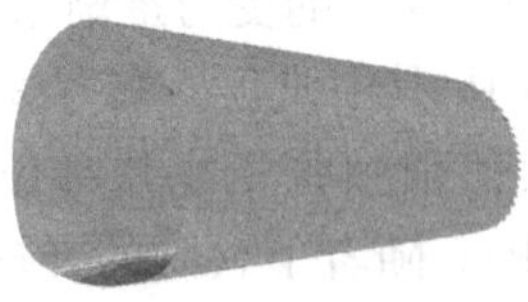

c)开挖后初期支护第一主应力

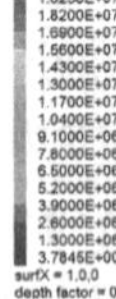

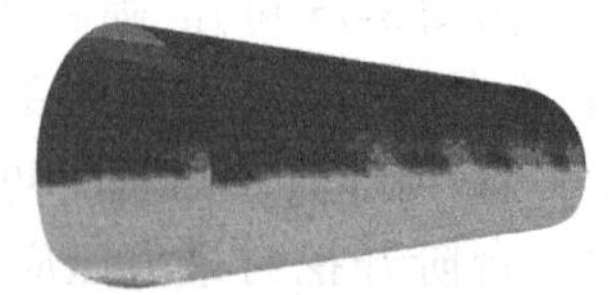

d)开挖后初期支护第三主应力

图 3-15　三台阶预留核心土法初期支护的第一、第三主应力云图(黏质黄土—红黏土接触带)

从最终的初期支护受力来看，在拱肩下部和拱脚位置出现较大的压应力值，拱肩处压应力最大值为16.94MPa，拱脚处压应力最大值为10.37MPa，均已超过混凝土的设计抗压强度。由此可知，红黏土—黏质黄土接触带地层条件较差，黏质黄土自承载能力差，施工中初期支护作为主要的承载单元，承担了来自围岩的大部分荷载，导致初期支护产生了较大的内力。

不同施工工法初期支护所受压应力见表3-9。在黏质黄土—红黏土接触带地层条件下，初期支护所受压力会不断增加，初期支护最大压应力出现在开挖之后，施工中应当注意观察支护封闭后变形开裂的情况。虽然三台阶七步法所受的初期支护压应力最小，但其围岩位移、塑性区范围较大，而三台阶临时仰拱法对初期支护的应力有很好的改善效果。

不同施工工法初期支护所受压应力（黏质黄土—红黏土接触带，MPa） 表3-9

监测部位	两台阶预留核心土法	三台阶法	三台阶预留核心土法	三台阶临时仰拱法	三台阶七步法
拱肩	25.0	28.5	27.5	25	20.3
拱脚	24.0	26.2	24.3	24	20.6

5）综合比选

根据对隧道穿越黏质黄土—红黏土岩性接触带各种工法的围岩位移、应力以及初期支护的受力特性分析可知：由于该地层两种围岩自承载能力均不高，为控制围岩的变形，支护结构成为重要的承载单元。从围岩应力来看，几种工法开挖时围岩应力在数值上变化不大，只是在分布上有所不同；从围岩变形来看，两台阶预留核心土法、三台阶法、三台阶预留核心土法、三台阶七步法均呈现相似的规律，但数值上存在差异。

台阶法每个台阶开挖时均对隧道变形有影响，隧道变形在第一开挖步时增加较大，同时该阶段隧道发生的位移占总位移的比例较大，故在接触带地层围岩性质较差、需要严格控制变形的情况下，建议采用三台阶临时仰拱法。临时仰拱能有效限制支护结构的水平位移，而且能使支护结构及时封闭成环，有效发挥初期支护整体受力效果。

3.2.4 黏质黄土—砂岩夹泥岩接触带施工工法比选

针对黏质黄土—砂岩夹泥岩接触带地层条件的特点，此处重点分析隧道围岩和初期支护的受力及位移特征。

1)围岩应力

以三台阶七步法为例进行对比分析,选取监测断面施工循环的上台阶弧形导坑开挖、中台阶开挖、下台阶开挖和最终状态进行研究,各开挖步下围岩部分主应力云图如图3-16所示。

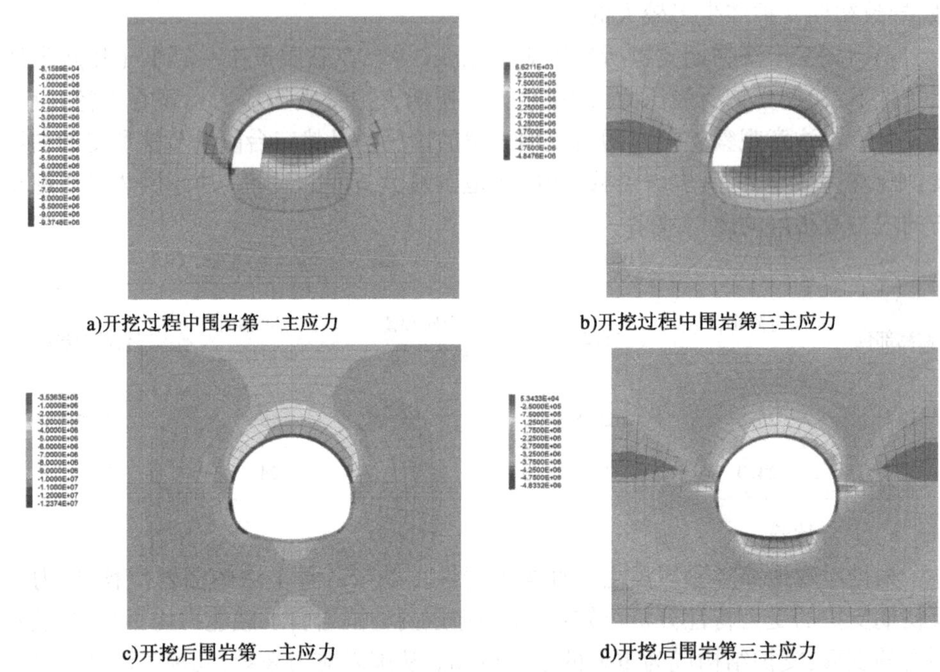

a)开挖过程中围岩第一主应力　b)开挖过程中围岩第三主应力

c)开挖后围岩第一主应力　d)开挖后围岩第三主应力

图3-16　三台阶七步法围岩主应力云图(黏质黄土—砂岩夹泥岩接触带)

由图3-16可知,黏质黄土—砂岩夹泥岩接触带地层围岩应力变化规律与前述两种地层相近。在开挖过程中,围岩总体处于受压状态,在隧道各开挖面接触处及台阶与拱腰接触部位,产生了应力集中;由于接触带上部黏质黄土性质较差,受隧道开挖扰动影响较大,应力释放较多,导致围岩应力普遍较小。

从数值上来看,上台阶开挖后,拱肩接触部位产生了比较明显的压应力集中,最大值为1.65MPa。在隧道上台阶处围岩出现较为明显的应力释放区,围岩应力整体较小,应力值不超过0.75MPa。围岩的拉应力主要集中在中、下台阶土体部位和仰拱处,最大值为0.28MPa,其中仰拱处最大值为0.32MPa左右。中台阶开挖后,隧道围岩在中台阶与拱腰接触部位产生了应力集中,最大值为9.47MPa,比上台阶开挖时增加了7.82MPa。中上台阶部位依然存在较为明显的应力释放区,且围岩应力最大值不超过0.5MPa。下台阶开挖后,应力集中依旧位于隧道围岩在拱腰位置处，最大值为12.83MPa，比中台阶开挖时增加了3.39MPa。黏质黄土地层围岩依然存在较明显的应力释放区，但是压应力小于1MPa的围岩面积减小，仅在拱肩附近出现。由此可知，由于开挖导致的应力释放、应力重分布，使拱顶部位围岩再次逐渐承受压力，但数值依然很小。下台阶开挖后，仰拱处出现拉应力，但数值较小，仅为0.17MPa左右。当整个隧道模型挖通之后，隧道围岩在拱腰靠下接触部位出现明显的应力集中，监测断面围岩应力最大值为11.21MPa，与下台阶开挖时相比，应力集中产生的围岩压应力数值相同。同时，仰拱处出现少量的拉应力，最大值为0.32MPa。

不同施工工法围岩最大压应力见表3-10。各工法在开挖过程中的围岩压应力较开挖后围岩应力更大，所以在开挖过程中应当注意围岩的受力情况。两台阶预留核心土法在上台阶开挖时便产生较大的围岩应力，不适用于该地层条件下施工。同时也从侧面反映出黏质黄土的不稳定性，应尽量减少扰动，这也是黏质黄土—砂岩夹泥岩接触带与红黏土—砂岩夹泥岩接触带不同的地方。各工法在开挖中和开挖后最大围岩压应力排序依次为：两台阶预留核心土法>三台阶法>三台阶临时仰拱法>三台阶预留核心土法>三台阶七步法。从围岩应力角度来说，并综合考虑黏质黄土层特性，建议使用三台阶七步法进行施工。

不同施工工法围岩最大压应力（黏质黄土—砂岩夹泥岩接触带，MPa）　表3-10

施工工法	上台阶开挖	中台阶开挖	下台阶开挖	开挖后
两台阶预留核心土法	14.48	—	14.25	12.58
三台阶法	1.35	10.23	14.26	11.25
三台阶预留核心土法	1.62	8.78	11.32	11.12
三台阶临时仰拱法	1.61	11.33	13.63	12.37
三台阶七步法	1.65	9.47	12.83	11.21

2）洞周变形

以三台阶七步法为例，研究黏质黄土—砂岩夹泥岩隧道周边位移沿隧道走向随施工工程的变化特征。对沿隧道轴线中截面（监测断面）处洞壁监测点（拱顶、拱肩、拱腰、拱脚、拱底）的位移结果进行监测，提取结果绘制洞周位移时程曲线，分别如图3-17、图3-18所示。

由图3-17可知，随着监测断面前方围岩的开挖，拱顶和拱肩监测点的位移逐渐增加，并且开挖掌子面离监测断面越近，位移增加的幅度就越大，开挖到监测断面时，各监测点的位移产生大幅波动。对比4条曲线可知，随着隧道的开挖，拱顶处是断面竖向位移最大的点，为8.71cm；拱肩处竖向位移次之，为5.56cm；拱底最终隆起值为1.89cm。

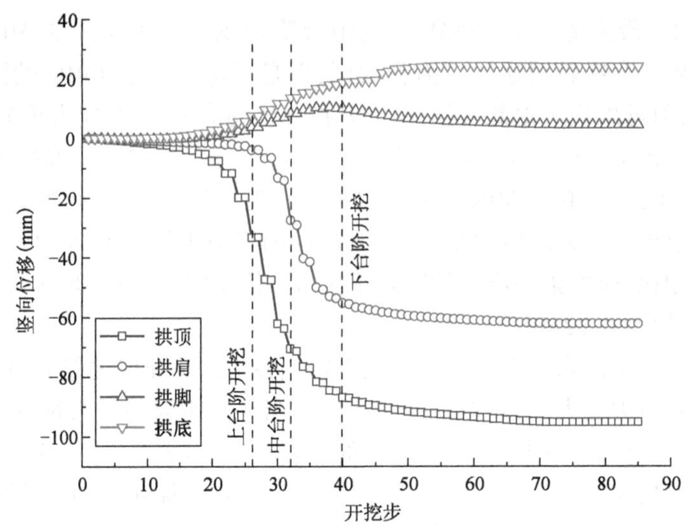

图 3-17　三台阶七步法洞周竖向位移时程曲线(黏质黄土—砂岩夹泥岩接触带)

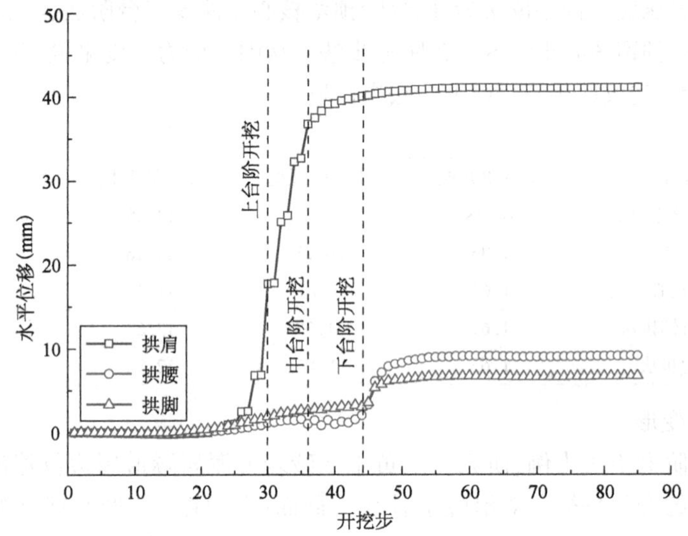

图 3-18　三台阶七步法洞周水平位移时程曲线(黏质黄土—砂岩夹泥岩接触带)

由图 3-18 可知,随着监测断面前方围岩的开挖,拱肩监测点的水平位移值缓慢增加,但随着开挖掌子面向监测断面靠近,位移增加的幅度突然增大,并随着开挖过程产生大幅波动,在下台阶开挖过程中波动减小,最终水平位移值稳定在 3.95cm,是洞周监测点水平位移最大值。与之相比,拱肩和拱脚处的水平位移值较小,均在 0.1cm 以下。

不同施工工法监测点围岩位移见表 3-11。虽然同为土石分界接触带,但相较于红黏土—砂岩夹泥岩接触带，黏质黄土—砂岩夹泥岩接触带的围岩位移较大，上部围岩位移约为其2倍，进一步说明了黏质黄土变形大的特性。从数值上看，三台阶七步法的位移最小，对围岩控制能力最强；三台阶法下的围岩位移要大于两台阶预留核心土法，说明核心土对黏质黄土地层的位移控制能力较好。

不同施工工法各监测点围岩位移（黏质黄土—砂岩夹泥岩接触带，cm） 表3-11

监测部位	两台阶预留核心土法	三台阶法	三台阶预留核心土法	三台阶临时仰拱法	三台阶七步法
拱顶	11.83	12.43	9.85	10.63	8.71
拱肩	811	10.23	4.28	7.58	6.82
拱腰	1.03	1.20	0.96	0.973	0.03
拱底	2.32	4.50	2.35	2.41	1.89

3）围岩塑性区

对比不同施工工法塑性区分布（图3-19）发现，塑性区主要分布在隧道上半断面，这与围岩应力分布相吻合，进一步说明了不同岩性接触带的特点。几种工法塑性区范围相近，均未超过加固区范围。仅三台阶七步法右侧塑性区略大，这是由于三台阶七步法开挖工序不对称导致的。

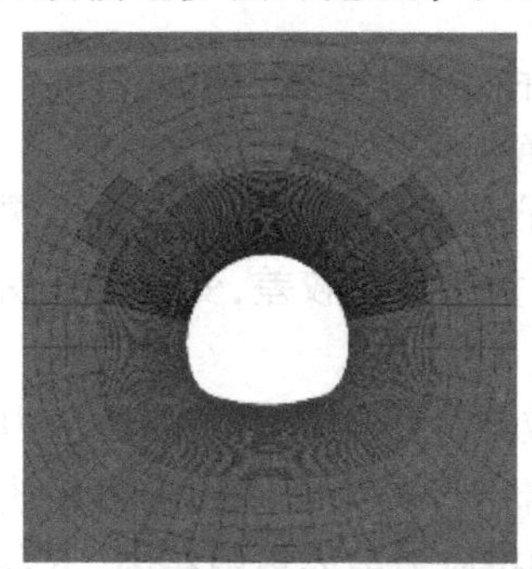
a)两台阶预留核心土法

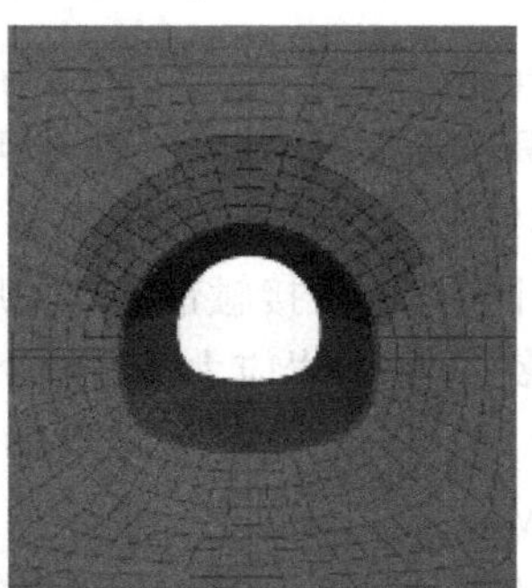
b)三台阶法

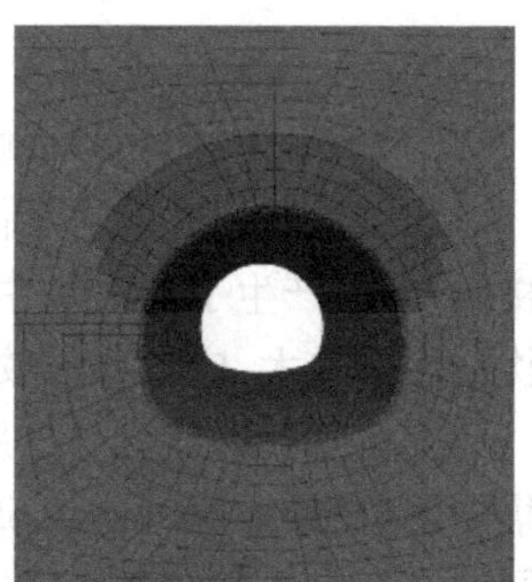
c)三台阶预留核心土法

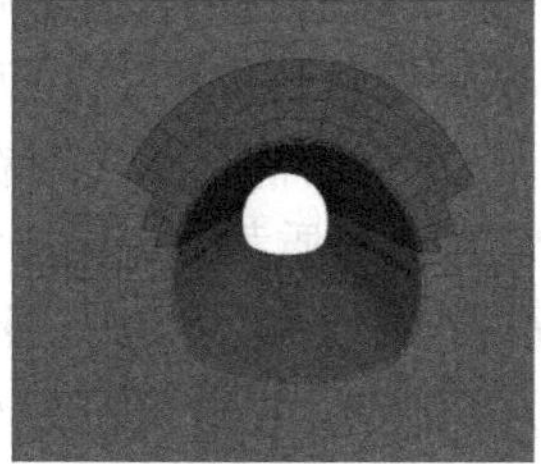
d)三台阶临时仰拱法

e)三台阶七步法

图3-19 不同施工工法围岩塑性区分布（黏质黄土—砂岩夹泥岩接触带）

4）初期支护应力

以三台阶七步法为例分析在施工过程中初期支护应力的变化规律，取各台阶开挖及最终开挖步时初期支护层的应力特征分析，部分主应力云图如图3-20所示。

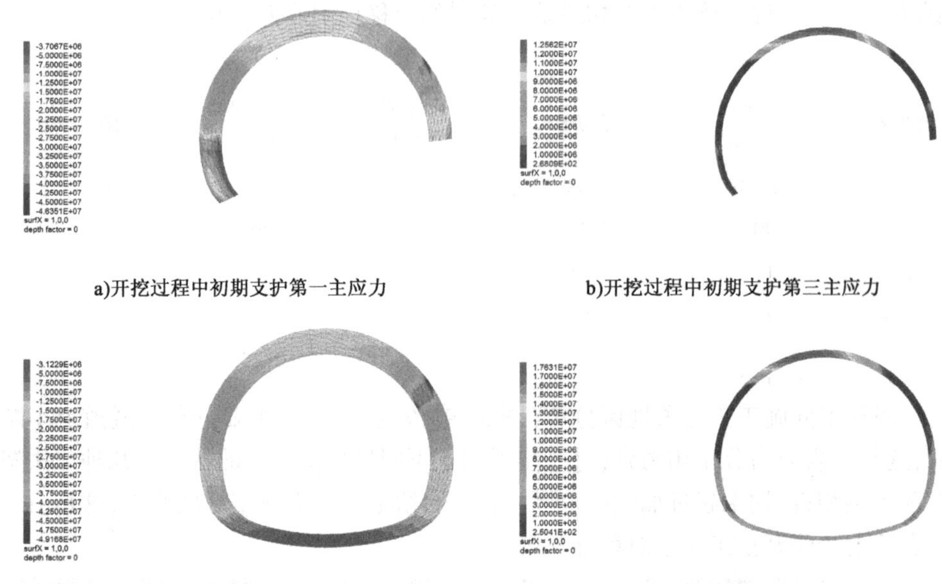

a)开挖过程中初期支护第一主应力　　b)开挖过程中初期支护第三主应力

c)开挖后初期支护第一主应力　　d)开挖后初期支护第三主应力

图3-20　三台阶七步法初期支护第一、第三主应力云图（黏质黄土—砂岩夹泥岩接触带）

该工法开挖时围岩总体处于受压状态，在隧道各开挖面接触处及台阶与拱腰接触部位，产生了应力集中；同时，由于接触带上部黏质黄土性质较差，受隧道开挖扰动影响较大，应力释放较多，导致围岩应力普遍较小。

上台阶弧形导坑开挖后，在上台阶与拱肩接触部位产生了比较明显的压应力集中现象，最大值可达2.65MPa。在隧道上台阶处围岩出现较为明显的应力释放区，围岩应力整体较小，应力值不超过0.8MPa。围岩的拉应力主要集中在中、下台阶土体部位和仰拱处，最大值为0.48MPa，其中仰拱处最大值为0.16MPa左右。

中台阶开挖后，隧道围岩在中台阶与拱腰接触部位产生了应力集中，最大值为9.4MPa，比上台阶开挖时增加了6.8MPa。中上台阶部位依然存在较为明显的应力释放区，且围岩应力最大值不超过0.23MPa，可见黏质黄土地层应力进一步释放。

下台阶开挖后，隧道围岩在拱腰位置处产生了应力集中，最大值为16.8MPa。黏质黄土地层围岩依然存在较明显的应力释放区，但是压应力小于1MPa的围岩面积减小，仅在拱肩附近出现。由此可知，由于开挖导致的应力释放、重分布，拱顶部位围岩再次逐渐承受压力，但数值依然很小。下台阶开挖后，仰拱处出现拉应力,但数值较小,仅为0.17MPa左右。

当整个隧道开挖完成后,隧道围岩在拱腰靠下接触部位出现明显的应力集中;监测断面围岩应力最大值为17.13MPa,与下台阶开挖时相比,应力集中产生的围岩压应力数值相同。同时仰拱处出现少量的拉应力,最大值为0.32MPa。

不同工法下初期支护所受压应力见表3-12。两台阶预留核心土法较三台阶法能够减少围岩位移,但相应地增加了初期支护的受力,因而不建议使用两台阶预留核心土法。三台阶及其相关工法下的初期支护受力相似,因而需对其他条件综合考虑以选择合适的工法。

不同施工工法初期支护所受压应力

(黏质黄土—砂岩夹泥岩接触带,MPa)　　表3-12

监测部位	两台阶预留核心土法	三台阶法	三台阶预留核心土法	三台阶临时仰拱法	三台阶七步法
拱肩	23.0	9.0	9.1	10	9.7
拱脚	28.2	17.3	19.5	17.1	17.1

5)综合比选

根据对隧道穿越黏质黄土—砂岩夹泥岩接触带各种工法的围岩位移、应力以及初期支护的受力特性分析可知:由于黏质黄土自承载能力不高,为控制围岩的变形,支护结构成为重要的承载单元。从围岩应力来看,几种工法开挖时围岩应力在数值上变化不大,只是在分布上有所不同;从围岩变形来看,两台阶预留核心土法、三台阶法、三台阶预留核心土法、三台阶七步法均呈现相似的规律,但数值上存在差异。从拱腰收敛来看:两台阶预留核心土法 > 三台阶法 > 三台阶预留核心土法 > 三台阶临时仰拱法 > 三台阶七步法。

由于黏质黄土—砂岩夹泥岩接触带的黏质黄土自稳能力差、易坍塌,应力释放较快,应减少对掌子面的扰动。综合围岩应力、围岩位移以及初期支护的受力情况,建议采用三台阶七步法进行开挖,以保证安全开挖。

3.3 穿越不同岩性接触带隧道施工参数影响

本节对隧道穿越不同岩性接触带隧道施工参数的影响进行研究。选择红黏土—砂岩夹泥岩接触带为典型地层,研究三台阶预留核心土法上台阶高度和循环进尺对隧道支护结构的受力特征和变形规律的影响，为确定合理的台阶高度和施工进尺提供建议。

3.3.1 隧道施工上台阶高度

根据贾塬隧道的现场实际情况和施工设计资料，以红黏土—砂岩夹泥岩接触带分界面位于拱腰位置为模型的原型基础，考虑上台阶高度分别为 2m、3m、3.73m 及 4.73m 的 4 种工况建立数值模型，如图 3-21 所示。

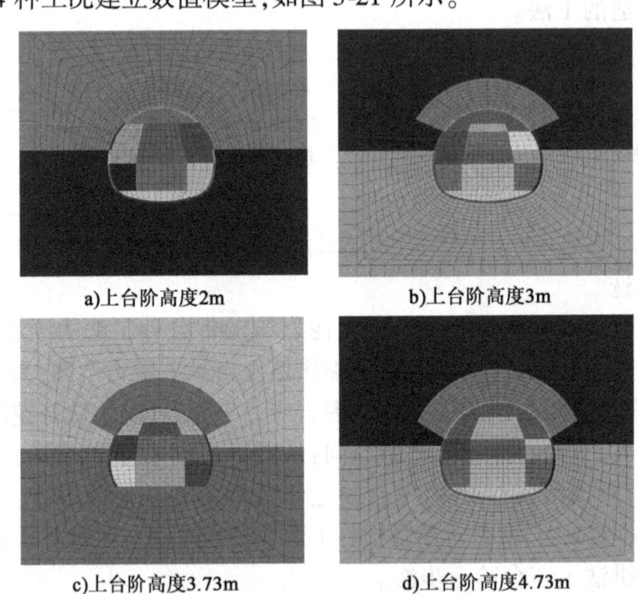

图 3-21 不同上台阶高度数值模型

1)拱顶沉降

提取 4 种不同上台阶高度工况下的拱顶沉降数据，绘制拱顶沉降时程曲线如图 3-22 所示。拱顶沉降随着掌子面的推进逐渐增加，在开挖掌子面通过监测断面后，拱顶沉降值有收敛的趋势。观察最后的拱顶沉降值可知，上台阶高度为 4.73m 时拱顶沉降值最大，为 6.18cm；其次为上台阶高度 3m，拱顶沉降值为 5.68cm；上台阶高度 2m 时拱顶沉降值最小，为 5.48cm。由此可知，随着上台阶高度的增加拱顶沉降值越来越大。

2)拱腰水平位移

提取 4 种上台阶高度情况下拱腰水平位移数据，绘制拱腰水平位移时程曲线如图 3-23 所示。拱腰水平位移随着掌子面的推进逐渐增加，在开挖掌子面通过监测断面后，拱腰水平位移值有收敛的趋势。观察最后的拱腰水平位移值可知，上台阶高度为2m时拱腰水平位移最大，为0.93cm；上台阶高度为4.73m和台阶高度3m时拱顶沉降值相同，均为0.92cm。由此可知，上台阶高度对拱腰水平位移的影响较小。

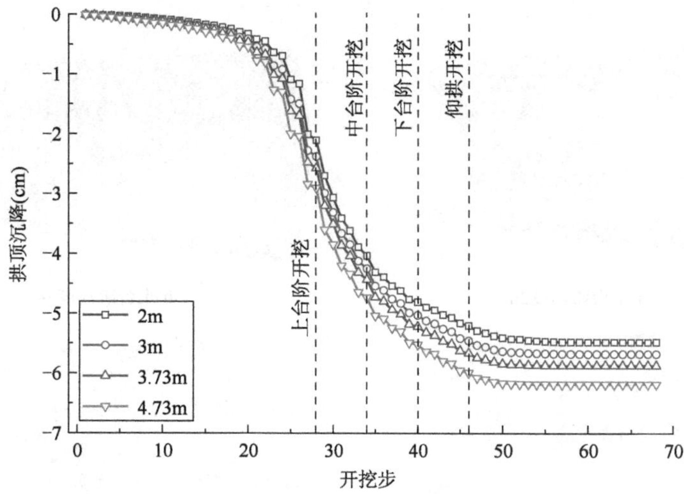

图3-22 不同上台阶高度拱顶沉降时程曲线

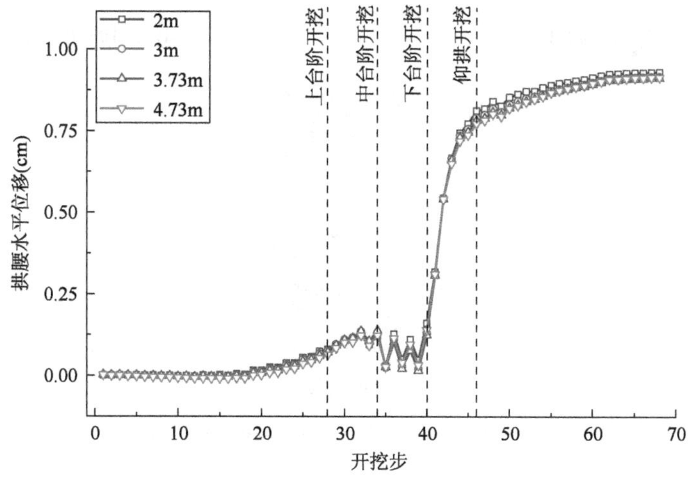

图3-23 不同上台阶高度拱腰水平位移时程曲线

3)初期支护应力

4种工况下初期支护应力云图如图3-24所示，不同上台阶高度工况下初期支护均在上台阶和中台阶交界处出现应力集中。当上台阶高度4.73m时初期支护应力最大,最大值为11.3MPa;上台阶高度为3.73m时初期支护应力次之,为10.6MPa;上台阶高度为3m时初期支护应力为10.3MPa;当上台阶高度为2m时,初期支护应力最小,为10MPa。由此可知,随着上台阶高度的减小,初期支护应力逐渐减小。

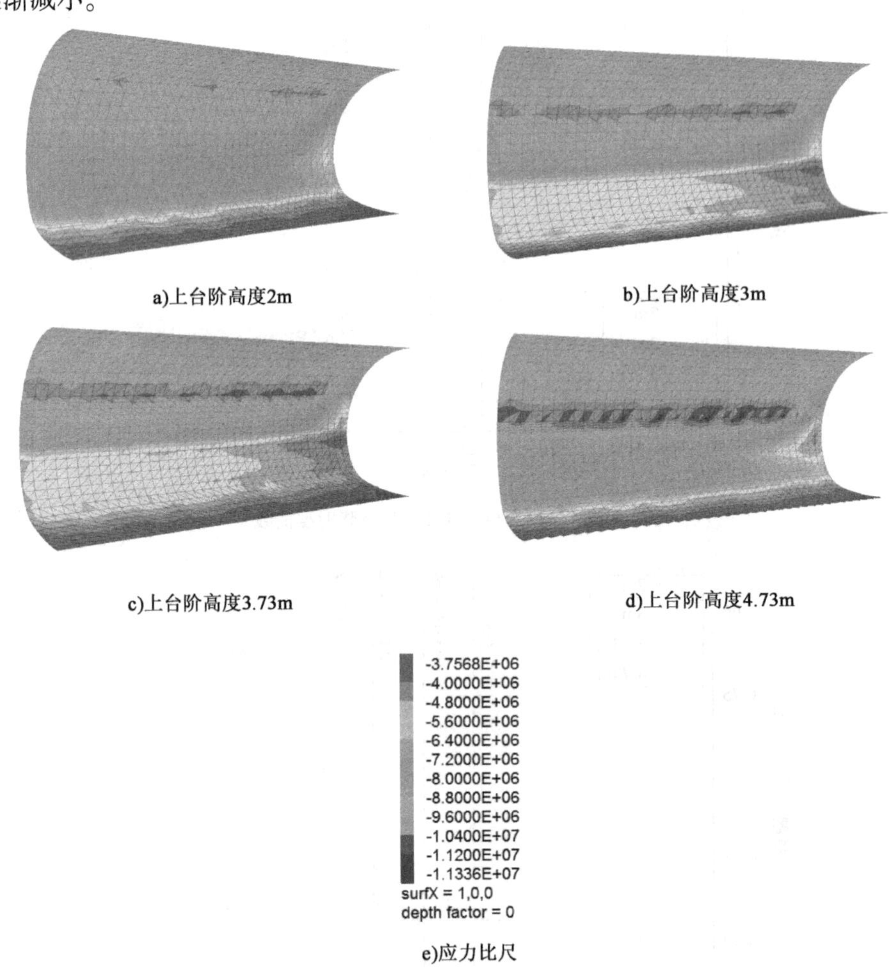

a)上台阶高度2m　b)上台阶高度3m　c)上台阶高度3.73m　d)上台阶高度4.73m　e)应力比尺

图3-24　不同上台阶高度初期支护应力云图

4)围岩塑性区

4种工况下围岩塑性区分布如图3-25所示,不同上台阶高度工况下塑性区均在隧道拱肩处发展深度最大;随着上台阶高度的逐渐增加,围岩塑性区面积逐渐增大。

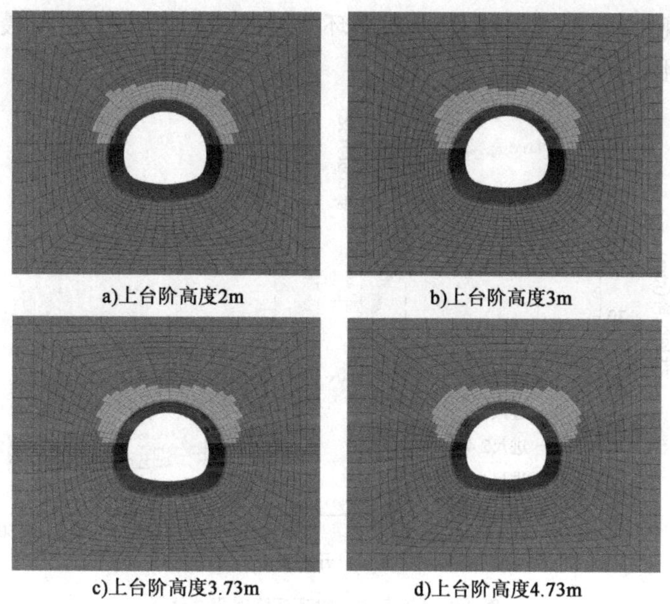

a)上台阶高度2m　b)上台阶高度3m

c)上台阶高度3.73m　d)上台阶高度4.73m

图 3-25　不同上台阶高度围岩塑性区分布

5)综合比选

综合以上分析可知,当隧道穿越红黏土—砂岩夹泥岩接触带时,随着上台阶高度的增加,拱顶沉降值增加,初期支护应力逐渐增大。因此,在保证上台阶施工空间的基础上,应尽量减小上台阶的高度。

3.3.2 隧道施工循环进尺

仍然以红黏土—砂岩夹泥岩接触带分界面位于拱腰位置为模型的原型基础,模拟了三台阶预留核心土法中施工循环进尺分别为 0.8m、1.6m、2.4m、4.8m 的 4 种工况。

1)拱顶沉降

提取 4 种不同循环进尺工况下的拱顶沉降数据,绘制拱顶沉降时程曲线如图 3-26 所示。由图可知拱顶沉降随着掌子面的推进逐渐增加,在开挖掌子面通过监测断面后,拱顶沉降值逐渐收敛。观察时程曲线可知,不同循环进尺下,隧道拱顶总沉降值相差较小,但呈现"循环进尺越大,拱顶沉降越小"的规律。

2)单次循环洞周变形

提取 4 种进尺工况下的拱顶沉降和拱腰水平位移数据,绘制单次循环进尺下洞周变形时程曲线如图 3-27 所示。单次循环开挖监测断面洞周变形呈现"先增大后减小”的规律;开挖进尺越大,单次循环引起的洞周变形越大,但最终开挖完成后的洞周变形值趋于一致。

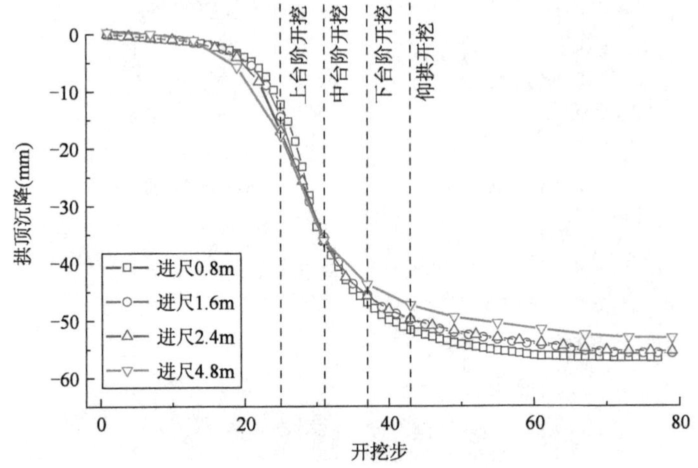

图 3-26　不同进尺拱顶沉降时程曲线

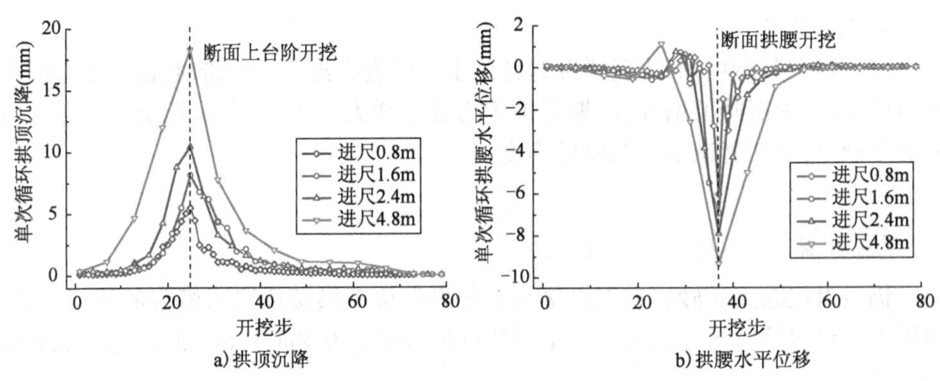

图 3-27　不同循环进尺洞周变形时程曲线

3)围岩塑性区

4 种工况下塑性区分布如图 3-28 所示。不同循环进尺工况下,塑性区均在隧道拱肩处发展深度最大;随着循环进尺的增加,围岩塑性区面积逐渐减小。由此可知,循环进尺越小,围岩塑性区面积越大,开挖对地层的累积扰动影响越大。

4)综合比选

隧道穿越不同岩性接触带时,施工过程中的洞周变形随进尺的增大而增大,增加了单次施工循环的风险。但是,循环进尺太小,则会造成施工循环次数多,对围岩的累积扰动较大，使围岩塑性区面积增加。因此，在保证施工进度和安全的基础上，建议选取适宜的循环进尺。

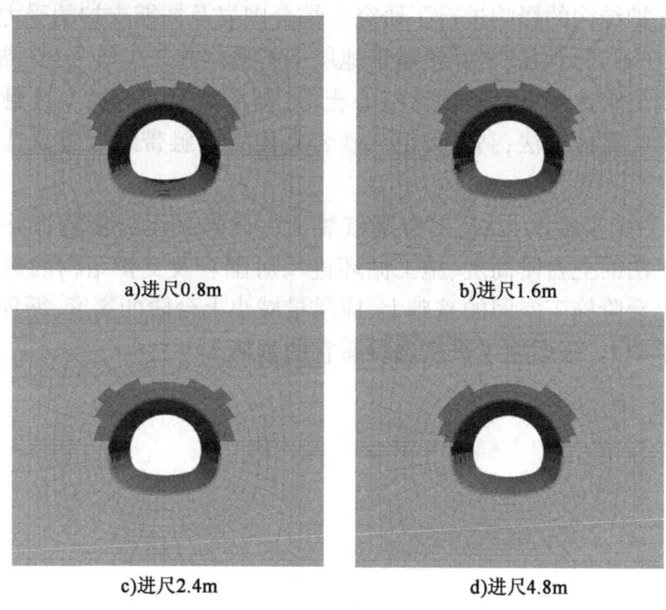

图 3-28 不同循环进尺围岩塑性区分布

3.4 本章小结

本章采用数值模拟和模型试验，研究了隧道穿越不同岩性接触带施工过程中采用不同施工工法时支护结构的受力特征和变形规律，并采用数值模拟，基于三台阶预留核心土法对上台阶高度和循环进尺对支护结构的受力特征和变形规律进行了研究。具体的研究结论如下：

(1)基于模型试验对红黏土—砂岩夹泥岩接触带地层条件下，采用三台阶法、三台阶预留核心土法和两台阶法施工过程中的围岩变形及支护结构受力特性进行了研究，研究发现三台阶预留核心土法对围岩位移的限制效果最好，其开挖引起的围岩—初期支护接触压力、钢拱架的应力分布更加均匀且量值也在安全范围内。

(2)基于数值模拟对穿越红黏土—砂岩夹泥岩、黏质黄土—红黏土、黏质黄土—砂岩夹泥岩3种不同岩性接触带类型地层时,采用5种不同隧道施工工法对围岩及隧道支护结构的影响进行了研究。综合围岩及初期支护的受力及变形结果的分析,建议在不同类型的岩性接触带地层下的适用施工工法为:红黏土—砂岩夹泥岩接触带地层宜选用三台阶预留核心土法;黏质黄土—红黏土接触带地层宜选用采用三台阶临时仰拱法;黏质黄土—砂岩夹泥岩接触带地层建议选用三台阶七步法。

(3)基于数值模拟的方法,对穿越红黏土—砂岩夹泥岩接触带并采用三台阶预留核心土工法的上台阶高度、施工循环进尺对围岩及支护结构的影响进行了研究。在保证上台阶施工空间的基础上,应尽量减小上台阶的高度;循环进尺则应在保证安全的基础上,根据施工进度选取适宜的量值。

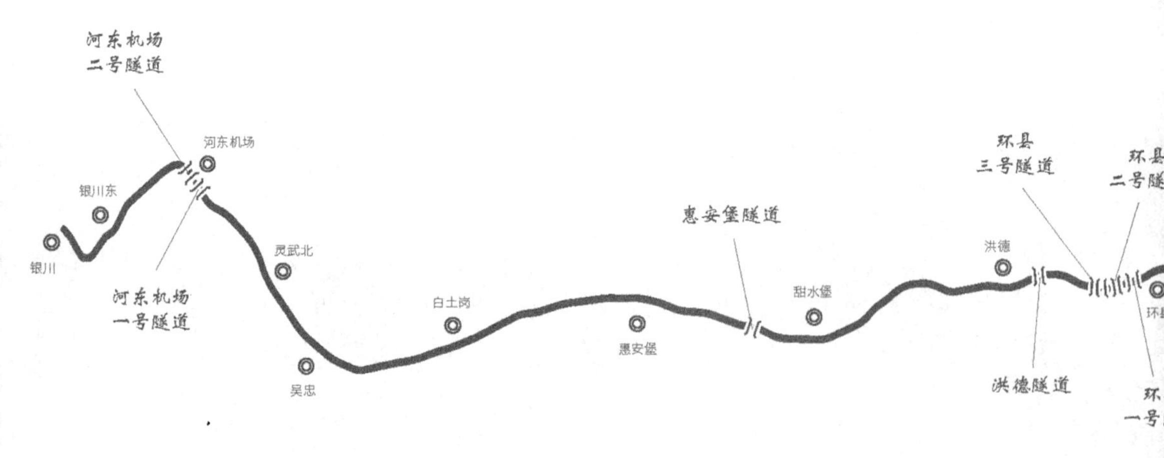
河东机场
二号隧道
河东机场
银川东
银川
河东机场
一号隧道
灵武北
吴忠
白土岗
惠安堡
惠安堡隧道
甜水堡
洪德
环县
三号隧道
洪德隧道
环县
二号隧

第4章

穿越不同岩性接触带隧道支护参数

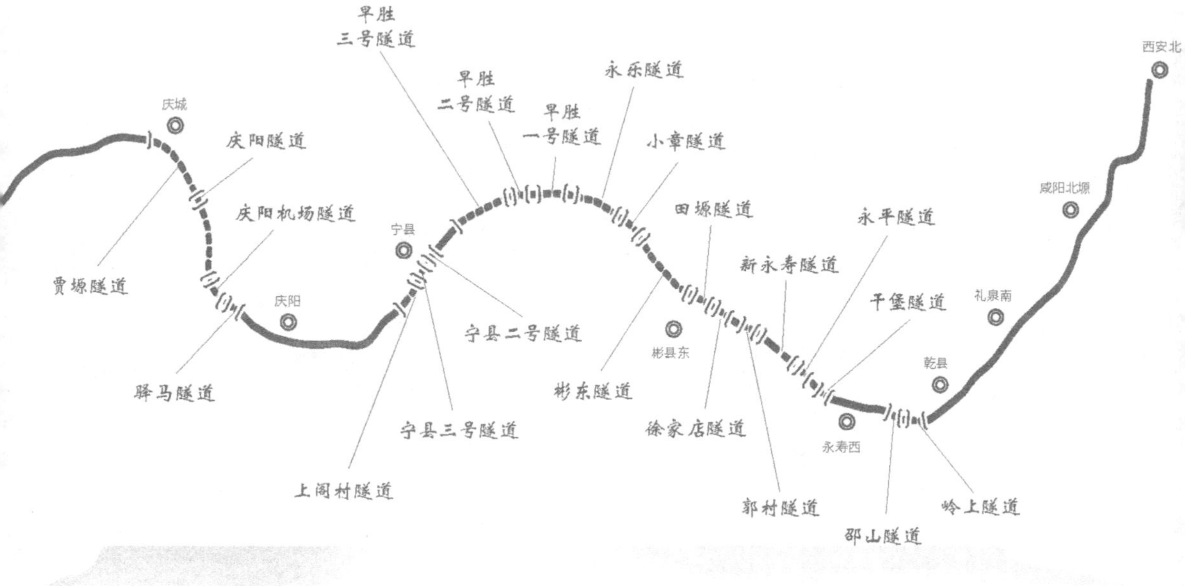

贾塬隧道三次穿越长段落不同岩性接触带，随着岩性接触带的变化，应选取不同的支护参数以保证围岩稳定性。本章通过模型试验和数值模拟结合的方法，对穿越不同岩性接触带时的隧道支护参数进行研究。

4.1 隧道支护参数比较模型试验

本节以红黏土—砂岩夹泥岩接触带段落、三台阶预留核心土法为原型基础，通过模型试验的方法探究隧道在不同岩性接触带地层中的合理支护参数。

4.1.1 模型试验方案简述

本节主要研究钢拱架间距和初期支护厚度两种支护参数对隧道的影响。钢拱架间距分别为 60cm、80cm、100cm，对应工况 1 ~ 3；初期支护厚度分别为 30cm、40cm，对应工况 1、工况 4。模型试验工况见表 4-1。

支护参数模型试验工况　　表 4-1

工况编号	初期支护厚度（cm）	钢拱架间距（cm）	施工工法	分界面位置	研究内容
1	30	80	三台阶预留核心土法	拱腰	钢拱架间距、初期支护厚度
2	30	60	三台阶预留核心土法	拱腰	钢拱架间距
3	30	100	三台阶预留核心土法	拱腰	钢拱架间距
4	40	80	三台阶预留核心土法	拱腰	初期支护厚度

该模型试验分为六个步骤依次进行：配置试验用土→填土与夯实→施加荷载→测量初始数据→模型开挖→数据采集与整理。首先根据三轴试验得到物理参数最近试验用土的材料配合比，使用电子秤准确称量各原材料的重量，并采用立式搅拌机均匀搅拌试验材料，随后将搅拌好的材料填入模型箱内夯实。施加荷载后测量土压力盒初始数据和钢拱架初始数据，并在模拟开挖之后采集相应数据，并对原型隧道的相关指标进行计算和分析。

支护参数模型试验所采用材料与第 2、3 章所述模型试验中的材料相同，测试内容为支护参数对围岩位移、围岩—初期支护接触压力、钢拱架内力的影响。

4.1.2 钢拱架间距参数比较

基于模型试验工况 1 ~ 3,本节分析了不同钢拱架间距对围岩及隧道支护效果的影响规律,进而对钢拱架的设计参数提出建议。

1)洞周变形

根据测量结果绘制 3 种钢拱架间距下的洞周变形时程曲线,如图 4-1 所示。当钢拱架间距为 60cm 时,监测断面各部位最终位移稳定值从大到小依次为拱顶、拱肩、拱腰、拱脚,稳定后的数值分别为 4.16cm、3.92cm、1.86cm、1.39cm。从最终稳定值可以看出接触带分界面上下围岩位移变形差异依旧很明显,说明减小钢拱架间距不能改变隧道变形特征。由图 4-1 可知,当钢拱架间距为 80cm 时,在监测断面开挖前隧道周边围岩已经发生较大的预变形,最终位移稳定值从大到小依次为拱顶、拱肩、拱腰、拱脚,稳定后的数值分别为 4.77cm、4.59cm、2.05cm、1.52cm。

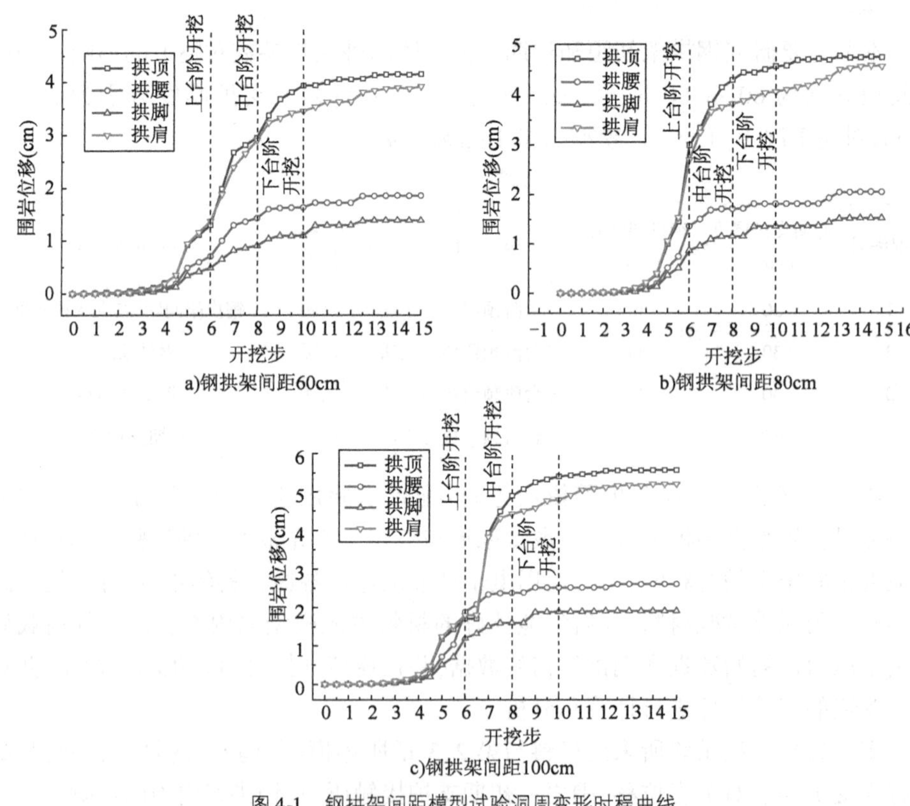

a)钢拱架间距60cm　b)钢拱架间距80cm　c)钢拱架间距100cm

图 4-1　钢拱架间距模型试验洞周变形时程曲线

从位移变形规律上看，在靠近监测断面开挖时，各监测点位移值有较大变化，且拱顶与拱肩处的围岩位移要明显大于拱脚与拱肩处，说明隧道上方围岩稳定性较差。当钢拱架间距为100cm时，围岩位移主要发生在台阶开挖过程中，围岩位移稳定值从大到小依次为拱顶、拱肩、拱腰、拱脚，位移值分别为5.57cm、5.20cm、2.61cm、1.91cm。

2）围岩—初期支护接触压力

利用土压力盒测量围岩—初期支护接触压力，根据相似比计算得到原型中围岩—初期支护接触压力，如图4-2所示。钢拱架间距为60cm时，最大压应力位于拱顶处，为713kPa，拱肩和拱顶处的接触压力明显大于隧道其他部位；钢拱架间距为80cm时，最大压应力位于拱顶处，为622kPa，拱底、拱肩和拱顶处的接触压力为其他位置的1.5～3倍；钢拱架间距为100cm时，最大压应力位于拱顶处，为561kPa。其余位置处的接触压力相近，均接近200kPa。

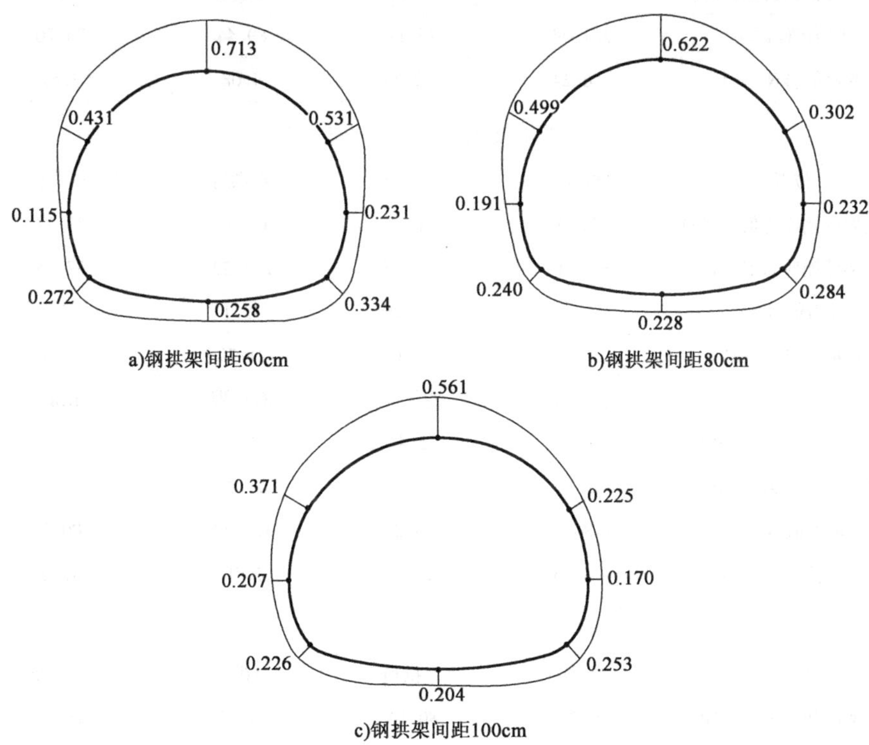

图4-2 钢拱架间距模型试验围岩—初期支护接触压力分布（单位：MPa）

3）钢拱架内力

根据应变计所测得的钢拱架内、外侧应变值乘以材料的弹性模量便可计算出钢拱架内、外侧的应力值，利用相似比对应关系，得到 3 种钢拱架间距对应的开挖后原型钢拱架内力见表 4-2 ~ 表 4-4。表中压应力为正，弯矩以钢拱架内侧受拉时为正。

钢拱架间距 60cm 时钢拱架内力　　表 4-2

位置	拱顶	左拱肩	右拱肩	左拱腰
钢拱架内侧应力值(MPa)	75.34	50.01	70.02	42.97
钢拱架外侧应力值(MPa)	151.19	167.01	123.49	62.34
轴力值(kN)	475.70	455.76	406.36	221.14
弯矩值(kN·m)	11.72	18.08	8.26	2.99
位置	右拱腰	左拱脚	右拱脚	拱底
钢拱架内侧应力值(MPa)	73.55	24.95	8.09	8.77
钢拱架外侧应力值(MPa)	33.16	11.30	34.50	26.08
轴力值(kN)	224.09	76.11	89.44	73.20
弯矩值(kN·m)	-6.24	-2.11	4.08	2.67

钢拱架间距 80cm 时钢拱架内力　　表 4-3

位置	拱顶	左拱肩	右拱肩	左拱腰
钢拱架内侧应力值(MPa)	55.80	84.36	60.26	51.77
钢拱架外侧应力值(MPa)	207.10	148.78	201.22	37.65
轴力值(kN)	552.09	489.59	549.11	187.77
弯矩值(kN·m)	23.38	9.96	21.79	-2.18
位置	右拱腰	左拱脚	右拱脚	拱底
钢拱架内侧应力值(MPa)	39.95	15.47	11.08	12.02
钢拱架外侧应力值(MPa)	16.32	34.17	47.26	35.73
轴力值(kN)	118.18	104.26	122.52	100.27
弯矩值(kN·m)	-3.65	2.89	5.59	3.66

钢拱架间距 100cm 时钢拱架内力　　表 4-4

位置	拱顶	左拱肩	右拱肩	左拱腰
钢拱架内侧应力值(MPa)	50.22	80.14	74.12	48.14
钢拱架外侧应力值(MPa)	186.39	141.34	247.50	35.01
轴力值(kN)	496.88	465.11	675.40	174.63
弯矩值(kN·m)	21.05	9.46	26.80	-2.03

续上表

位置	右拱腰	左拱脚	右拱肩	拱底
钢拱架内侧应力值(MPa)	43.95	13.93	16.31	10.88
钢拱架外侧应力值(MPa)	98.75	30.75	42.54	32.33
轴力值(kN)	299.67	93.83	123.58	90.74
弯矩值(kN·m)	8.47	2.60	4.05	3.32

绘制3种间距下的钢拱架受力分布，如图4-3所示。钢拱架间距为60cm时，拱顶处钢拱架轴力最大为475.7kN，左拱肩所受弯矩最大为18.08kN·m，最大压应力出现在左拱肩钢拱架外侧，为167.01MPa；拱腰和拱脚处有负弯矩，但数值较小均未超过拱肩处的弯矩，拱肩、拱顶处钢拱架受力所受压应力明显大于拱脚、拱底处的压应力。钢拱架间距为80cm时，拱顶处钢拱架受力最不利，最大压应力出现在拱顶钢拱架外侧，为207.10MPa，最大弯矩值为23.38kN·m，拱顶处轴力值最大为552.69kN；拱腰处有负弯矩，但数值较小均未超过拱顶处弯矩，拱肩、拱顶处钢拱架受力所受压应力明显大于拱脚、拱底处的压应力。钢拱架间距为100cm时，最大压应力出现在右拱肩钢拱架外侧，为247.50MPa，最大轴力值为675.40kN，最大弯矩值为26.80kN·m；拱腰处有负弯矩，但数值较小未超过拱顶处弯矩；拱肩、拱顶处钢拱架所受压应力是拱脚、拱底处的2~6倍。

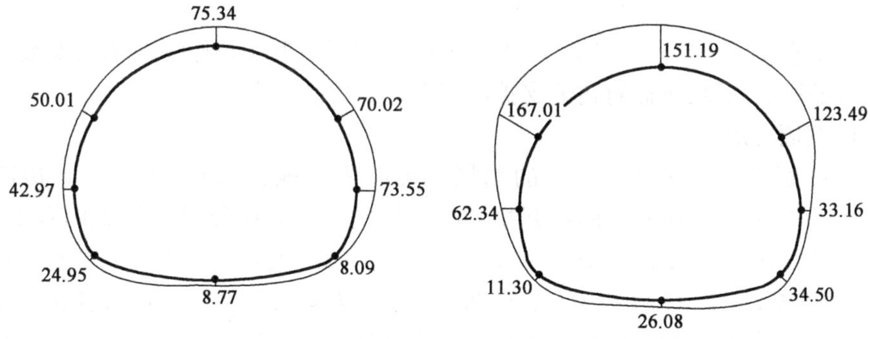

a)钢拱架间距60cm时钢拱架内侧应力　　b)钢拱架间距60cm时钢拱架外侧应力

图 4-3

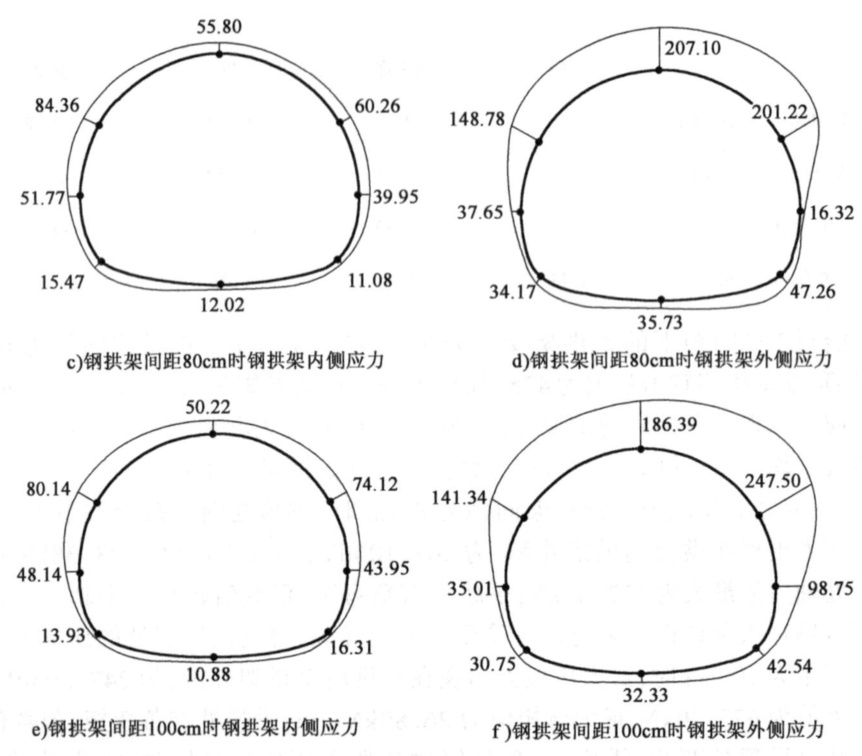

c)钢拱架间距80cm时钢拱架内侧应力　　d)钢拱架间距80cm时钢拱架外侧应力

e)钢拱架间距100cm时钢拱架内侧应力　　f)钢拱架间距100cm时钢拱架外侧应力

图4-3　钢拱架间距模型试验钢拱架受力分布(单位:MPa)

4.1.3 初期支护厚度参数比较

基于模型试验工况1、工况4,本节分析了不同初期支护厚度对围岩及隧道支护效果的影响规律,进而对初期支护厚度设计参数给出建议。

1)洞周变形

绘制不同初期支护厚度下的洞周变形时程曲线,如图4-4所示。初期支护厚度为30cm时,在监测断面开挖前隧道周围的围岩已经发生较大的预变形,最终位移稳定值从大到小依次为拱顶、拱肩、拱腰、拱脚,稳定后的数值分别为4.77cm、4.59cm、2.05cm、1.52cm;初期支护厚度为40cm时,围岩位移变化规律与前述相似,最终位移稳定值从大到小依次为拱顶、拱腰、拱脚、拱肩,稳定后的数值分别为3.88cm、3.63cm、2.18cm、1.66cm。

2)围岩—初期支护接触压力

利用土压力盒测量围岩—初期支护接触压力,通过相似比计算得到原型中围岩—初期支护接触压力，如图4-5所示。初期支护厚度为30cm时，最大压应力位于拱顶处，为622kPa，仰拱、拱肩和拱顶处的接触压力为其他位置的1.5～3倍；初期支护厚度为40cm时，最大压应力位于拱顶处为443kPa，拱底、拱肩和拱顶处的接触压力较大，其余位置处的接触压力为130～200kPa。

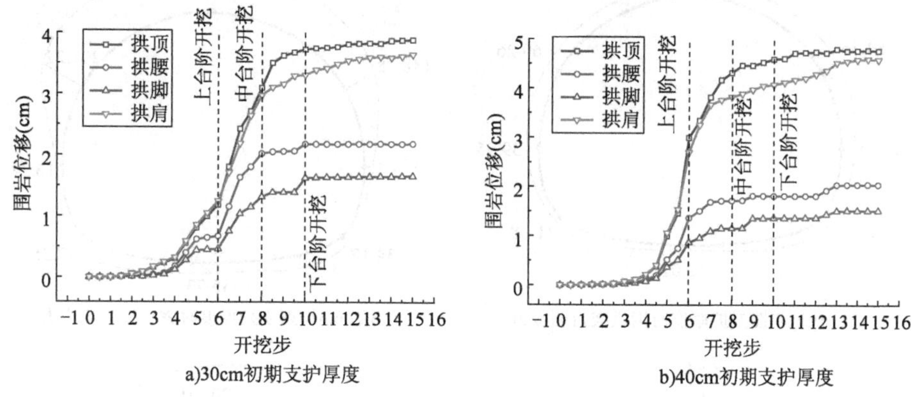

图4-4　初期支护厚度模型试验洞周变形时程曲线

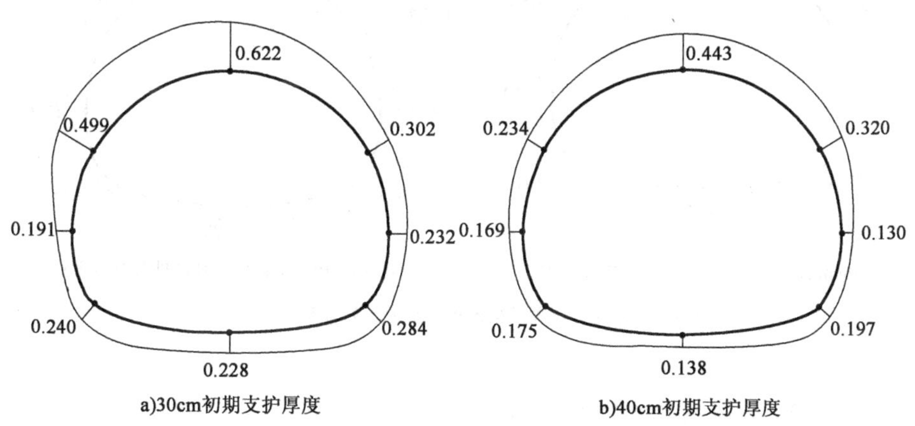

图4-5　初期支护厚度模型试验围岩—初期支护接触压力分布（单位：MPa）

3）钢拱架内力

绘制出2种初期支护厚度下的钢拱架内、外两侧受力分布，如图4-6所示。当初期支护厚度为30cm时，拱顶处钢拱架受力最不利，最大压应力出现在拱顶钢拱架外侧，为207.10MPa，最大弯矩值为23.38kN·m，右拱腰处轴力值最大为549.44kN；拱腰处有负弯矩，但数值较小均未超过拱顶处弯矩；初期支护厚度为40cm时，拱顶处受力最不利，拱顶处钢拱架外侧应力值最大为180.18MPa，拱顶处轴力、弯矩最大分别为480.32kN、20.34kN·m;拱腰和拱脚处有负弯矩,但数值较小均未超过拱顶处弯矩。从图中可以看出拱肩、拱顶处钢拱架所受压应力明显大于拱脚、拱底处。

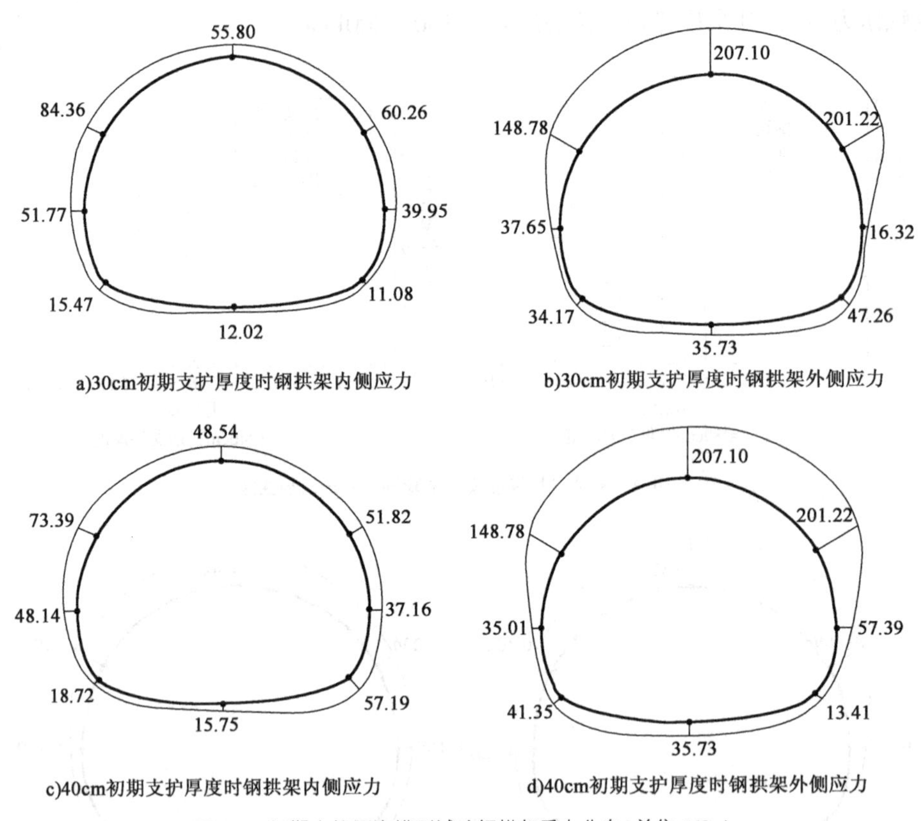

图4-6 初期支护厚度模型试验钢拱架受力分布(单位:MPa)

4.1.4 支护参数综合对比分析

本小节综合了4.1.2、4.1.3节钢拱架间距和初期支护厚度的模型试验结果,进行支护参数效果的对比分析。

1)洞周变形

为分析不同支护参数对红黏土—砂岩夹泥岩接触带围岩位移的影响,提取模型试验中各工况下拱顶、拱肩、拱腰、拱脚处的围岩位移稳定值,见表4-5。表中钢拱架间距80cm与初期支护厚度30cm为同一工况。从最终位移稳定值可以看出,钢拱架间距越小,初期支护厚度越大,围岩位移越小。

不同支护参数模型试验围岩位移稳定值对比(cm)　　表 4-5

研究内容	工　况	拱顶	拱肩	拱腰	拱脚
钢拱架间距	钢拱架间距 60cm	4.16	3.92	1.86	1.39
	钢拱架间距 80cm	5.27	4.59	2.05	1.52
	钢拱架间距 100cm	5.57	5.20	2.61	1.91
初期支护厚度	初期支护厚度 30cm	5.27	4.59	2.05	1.52
	初期支护厚度 40cm	3.88	3.64	2.18	1.66

2)围岩—初期支护接触压力

采用同样的方法分析,提取不同部位围岩—初期支护接触压力值,见表 4-6。整体而言,围岩压力随着钢拱架间距的增大而增大,随着初期支护厚度的增大而减小。以钢拱架间距 80cm 为对照工况进行分析,钢拱架间距为 60cm 较 80cm 时的接触压力普遍相差 10% ~40%;钢拱架间距为 100cm 较 80cm 时的接触压力增大了 10% ~60%。初期支护厚度为 40cm,较厚度为 30cm 时的接触压力减小了 30% ~50%。

不同支护参数模型试验围岩—初期支护接触压力对比(kPa)　　表 4-6

研究内容	工　况	拱顶	拱肩	拱腰	拱脚	拱底
钢拱架间距	钢拱架间距 60cm	561	371	225	207	170
	钢拱架间距 80cm	622	302	472	191	232
	钢拱架间距 100cm	713	431	531	115	231
初期支护厚度	初期支护厚度 30cm	622	302	472	191	232
	初期支护厚度 40cm	433	234	320	169	130

3)钢拱架内力

提取钢拱架所受内力(轴力和弯矩)见表 4-7。整体而言,钢拱架的内力随着钢拱架间距减小而减小,以钢拱架间距 80cm 为对照工况进行分析,钢拱架间距为 60cm 时除拱肩外其他位置内力增加了 10% ~20%,钢拱架间距为 100cm 时内力减少了 13% ~50%。结合围岩位移分析可知,当围岩位移较小时,结构需要承受更大的内力以约束围岩的位移变形。通过对比不同初期支护厚度下的钢拱架内力可以发现,初期支护厚度从 30cm 增加至 40cm 时,拱顶、拱肩处的钢拱架内力增大了 13% 左右,拱脚、拱底处的内力减少了 20% ~30%。

不同支护参数模型试验钢拱架内力(MPa)　　表 4-7

研究内容	工况	内力	拱顶	拱肩	拱腰	拱脚	拱底
钢拱架间距	钢拱架间距 60cm	轴力值	496.88	570.26	237.15	108.70	90.74
		弯矩值	21.05	18.13	3.22	3.33	3.32
	钢拱架间距 80cm	轴力值	552.09	519.35	152.98	113.39	100.27
		弯矩值	23.38	15.87	-2.92	4.24	3.66
	钢拱架间距 100cm	轴力值	475.70	431.06	222.62	82.77	73.20
		弯矩值	11.72	13.17	4.62	3.10	2.67
初期支护厚度	初期支护厚度 30cm	轴力值	423.51	390.45	130.34	189.22	154.99
		弯矩值	16.86	11.32	0.45	6.36	6.31
	初期支护厚度 40cm	轴力值	480.32	449.09	186.59	137.20	131.35
		弯矩值	20.34	13.70	0.55	5.13	4.80

4.2 隧道支护参数比较数值模拟

本节利用有限差分软件(FLAC 3D)对穿越不同岩性接触带地层的隧道支护参数进行研究,针对支护结构的应力分布及围岩变形规律进行探讨和分析。

4.2.1 数值建模简述

根据贾塬隧道的现场实际情况和施工设计资料,以红黏土—砂岩夹泥岩接触带 DK278 +273 ~ DK278 +555 为模型的原型基础。建模时横向以隧道中线位置向两侧各取 60m,竖向取仰拱底部以下 50m、拱顶以上 50m(剩余埋深以竖向均布荷载的形式施加),沿隧道轴向取 40m。

在模型的底部边界采用竖向约束,前后左右边界均采用水平约束。隧道围岩特性按弹塑性材料考虑,采用莫尔—库仑准则,初期支护采用 shell 单元,锚杆采用 cable 单元,钢拱架通过提高初期支护弹性模量来等效。根据开挖对隧道结构影响大小的施工经验、计算经验和实际开挖步长,监测模型沿隧道轴向 24m 处的断面。部分数值模型如图 4-7 所示。

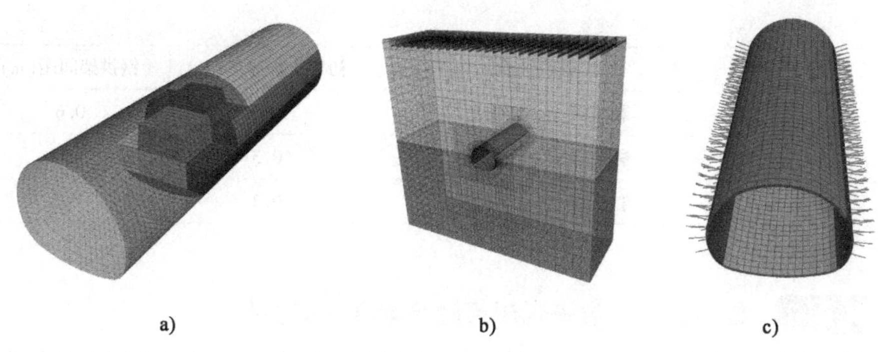

a)　　b)　　c)

图4-7　部分隧道支护参数数值模型

以贾塬隧道设计工法与支护参数为基础,建立不同岩性接触带隧道区间三维分析模型,模拟不同岩性接触带(红黏土—砂岩夹泥岩接触带、黏质黄土—砂岩夹泥岩接触带、黏质黄土—红黏土接触带)以及隧道不同支护参数(初期支护厚度、钢拱架间距)条件下,隧道开挖后支护结构的受力情况和围岩变形规律。具体计算工况见表4-8。

不同岩性接触带隧道支护参数研究工况　　表4-8

工况编号	接触带性质	初期支护厚度(m)	钢拱架间距(m)
1	红黏土—砂岩夹泥岩	0.25	0.8
2	红黏土—砂岩夹泥岩	0.3	0.8
3	红黏土—砂岩夹泥岩	0.35	0.8
4	红黏土—砂岩夹泥岩	0.3	0.6
5	红黏土—砂岩夹泥岩	0.3	1.0
6	红黏土—砂岩夹泥岩	0.3	1.2
7	黏质黄土—砂岩夹泥岩	0.25	0.8
8	黏质黄土—砂岩夹泥岩	0.3	0.8
9	黏质黄土—砂岩夹泥岩	0.35	0.8
10	黏质黄土—砂岩夹泥岩	0.3	0.6
11	黏质黄土—砂岩夹泥岩	0.3	1.0
12	黏质黄土—砂岩夹泥岩	0.3	1.2
13	黏质黄土—红黏土	0.25	0.8
14	黏质黄土—红黏土	0.3	0.8
15	黏质黄土—红黏土	0.35	0.8

续上表

工 况 编 号	接触带性质	初期支护厚度(m)	钢拱架间距(m)
16	黏质黄土—红黏土	0.3	0.6
17	黏质黄土—红黏土	0.3	1.0
18	黏质黄土—红黏土	0.3	1.2

4.2.2 红黏土—砂岩夹泥岩接触带地层支护参数

提取并汇总计算工况 1 ~ 6 的结果,对隧道穿越红黏土—砂岩夹泥岩接触带地层的相关支护参数及其影响进行对比分析。

1)初期支护厚度

初期支护厚度分别为 25cm、30cm、35cm 的 3 种工况下洞周变形结果见表 4-9。随着初期支护厚度的增加,围岩位移均逐渐减小,开挖前拱顶的围岩预变形也逐渐减小,但预变形值在围岩最终位移值中的占比有所增大。随着初期支护厚度的增加,围岩位移变化较小,说明在红黏土—砂岩夹泥岩接触带地层,初期支护的厚度对围岩位移的控制效果不明显,但 3 种初期支护厚度工况下,洞周变形量均控制在预留变形量内。

不同初期支护厚度下的围岩位移(红黏土—砂岩夹泥岩接触带地层)　表 4-9

项　　目	初期支护厚度(cm)		
	25	30	35
拱顶最终位移值(cm)	6.90	6.73	6.58
拱顶预变形值(cm)(占比%)	2.26(32.8)	2.24(33.3)	2.22(33.7)
拱腰最终位移值(cm)	5.73	5.73	5.60
边墙最终位移值(cm)	0.8	0.82	0.77

为分析结构受力,现将不同初期支护厚度工况下初期支护应力值进行对比,并结合洞周变形进行分析,见表 4-10,并绘制折线图如图 4-8 所示。从初期支护应力方面分析,随着初期支护厚度的增加,初期支护的压应力明显减小,说明初期支护厚度对结构应力控制是直接有效的。在应力分布上,初期支护厚度的影响较小,3 种初期支护厚度下均在拱肩处出现最大压应力。开挖过程中初期支护应力变化一致,即随着掌子面的推进,监测断面初期支护的应力值逐渐增加。综合分析,3 种初期支护厚度均能满足预留变形量的要求,但是初期支护厚度为 0.25m 时,初期支护压应力值过大,对隧道安全不利;初期支护厚度为 0.35m

时,初期支护拱顶的压应力值较大,易形成纵向裂缝;初期支护厚度为0.3m时,初期支护拉应力和压应力都在设计强度允许范围之内,所以建议选择初期支护厚度为0.3m。

不同初期支护厚度下的洞周变形及初期支护应力

(红黏土—砂岩夹泥岩接触带地层)　　表4-10

初期支护厚度(m)	第一主应力(MPa)	第三主应力(MPa)	最大变形值(cm)
0.25	0.57	14.2	6.90
0.3	0.86	12.6	6.73
0.35	1.08	11.5	6.58

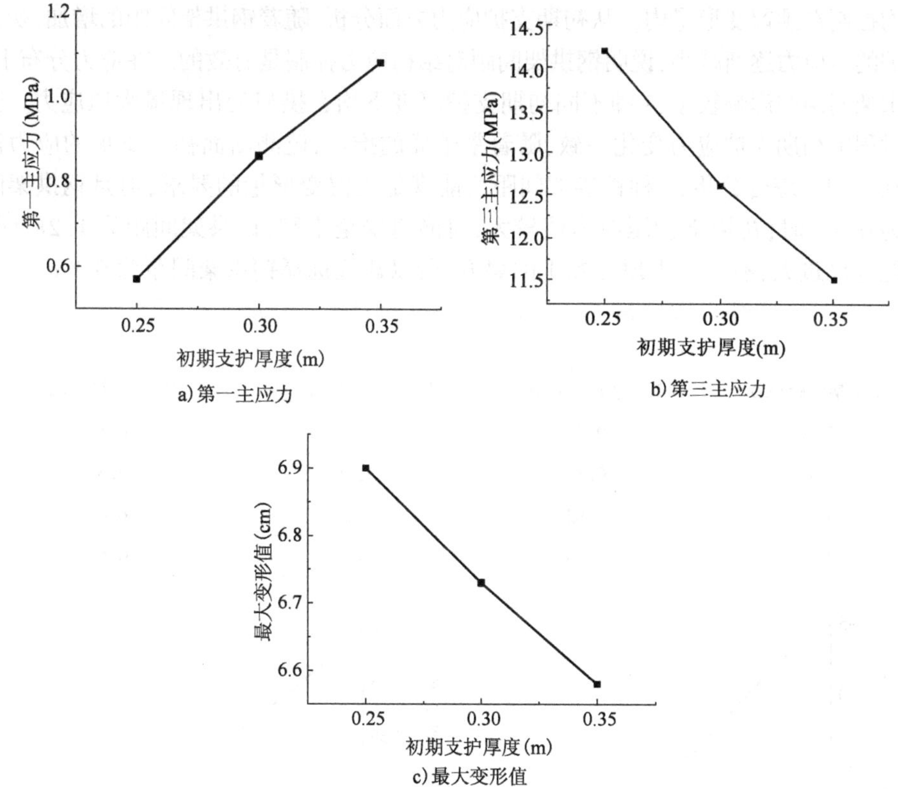

图4-8　不同初期支护厚度下的洞周变形及初期支护应力(红黏土—砂岩夹泥岩接触带地层)

2)钢拱架间距

钢拱架能提高初期支护的刚度,同时钢拱架的韧性弥补了混凝土的脆性缺陷,使初期支护成为真正的刚柔结合的支护结构。钢拱架的间距是初期支护刚度的主要影响参数:钢拱架越密则初期支护刚度越大,对围岩的变形控制越有效,但围岩应力释放越少对支护结构的荷载就越大,对初期支护材料强度的要求就越高;钢拱架越稀疏则相反。故合理的钢拱架间距既要使初期支护的刚度足够,保证围岩变形在预留变形量内,又要使围岩应力释放一定程度以保证初期支护不发生材料强度破坏。本次计算钢拱架间距为0.6m、0.8m、1.0m和1.2m的4种工况,计算初期支护的应力变化、洞周变形以及钢拱架的轴力和弯矩,以此判断合理的钢拱架间距。

对钢拱架不同间距下洞周变形及初期支护应力值进行对比,见表4-11;并绘制洞周变形及初期支护应力随钢拱架间距变化折线图,如图4-9所示。随着钢拱架间距的增加,隧道洞周变形值变化较小,说明在红黏土—砂岩夹泥岩接触带地层中,钢拱架间距对围岩位移的控制效果不明显,但在4种不同钢拱架间距工况下,洞周变形量均控制在预留变形量内。从初期支护应力方面分析,随着钢拱架间距的增加,初期支护的压应力逐渐减小,说明钢拱架间距对结构应力控制是有效的。在应力分布上,钢拱架间距的影响较小,3种不同初期支护厚度下均在拱肩处出现最大压应力。开挖过程中初期支护应力变化一致,随着掌子面的推进,监测断面初期支护的应力值逐渐增加。综合分析,4种钢拱架间距均能满足预留变形量的要求,但是钢拱架间距为0.6m时,初期支护压应力值较大,对隧道安全不利;钢拱架间距为1.2m时,开挖进尺过大,易引起拱顶红黏土的塌方,所以建议选择钢拱架间距为0.8m。

不同钢拱架间距下的洞周变形及初期支护应力(红黏土—砂岩夹泥岩接触带地层)

表4-11

钢拱架间距(m)	第一主应力(MPa)	第三主应力(MPa)	最大变形值(cm)
0.6	0.93	12.8	6.59
0.8	0.86	12.6	6.63
1.0	0.82	12.4	6.66
1.2	0.79	12.3	6.68

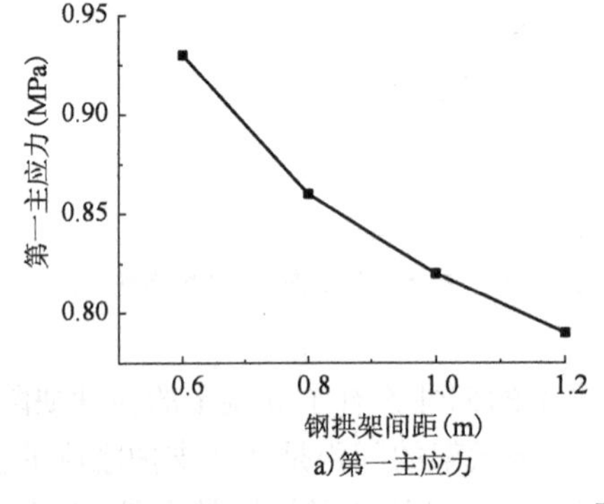

a)第一主应力

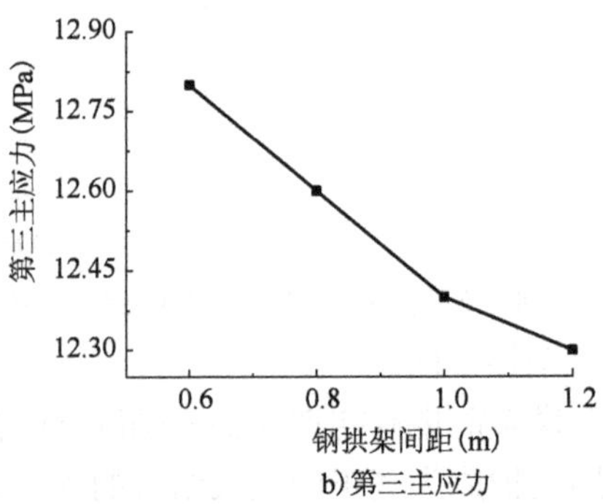

b)第三主应力

图 4-9

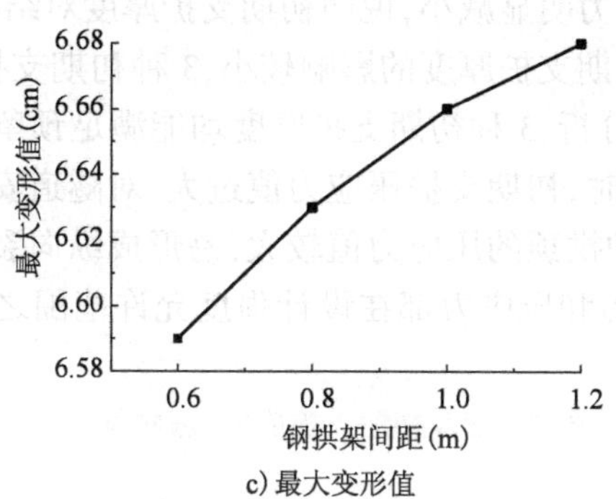

c)最大变形值

图4-9　不同钢拱架间距下的洞周最大变形及初期支护应力(红黏土—砂岩夹泥岩接触带地层)

4.2.3 黏质黄土—红黏土接触带地层支护参数

提取计算工况7~12的结果,对隧道穿越黏质黄土—红黏土接触带地层的相关支护参数及其影响进行对比分析。

1)初期支护厚度

采用了与红黏土—砂岩夹泥岩接触带地层条件下相似的分析方法,研究不同初期支护厚度下的隧道洞周变形与初期支护应力。

初期支护厚度分别为25cm、30cm、35cm的3种工况下位移结果见表4-12。随着初期支护厚度的增加,围岩位移值均逐渐减小,开挖前拱顶的围岩预变形值也逐渐减小,但预变形值在围岩最终位移值中的占比有所增大。随着初期支护厚度的增加,隧道洞周变形值变化较小,说明初期支护的厚度对围岩位移的控制效果不明显,但3种初期支护厚度工况下,洞周变形量均控制在预留变形量内。

不同初期支护厚度下的围岩位移(黏质黄土—红黏土接触带地层)　表4-12

项　目	初期支护厚度(cm)		
	25	30	35
拱顶最终位移值(cm)	4.95	4.86	4.79
拱顶预变形值(cm)(占比%)	2.26(32.7)	1.61(33.1)	1.59(33.2)
拱肩最终位移值(cm)	3.41	3.35	3.30
边墙最终位移值(cm)	0.69	0.66	0.64

为分析结构受力,现将不同初期支护厚度工况下初期支护应力值进行对比,并结合洞周变形进行分析,见表4-13。从初期支护应力方面分析,随着初期支护厚度

的增加,初期支护的压应力明显减小,说明初期支护厚度对结构应力控制是直接有效的。在应力分布上,初期支护厚度的影响较小,3 种初期支护厚度下均在拱肩处出现最大压应力。综合分析,3 种初期支护厚度均能满足预留变形量的要求,但是初期支护厚度为 0.25m 时,初期支护压应力值过大,对隧道安全不利;初期支护厚度为 0.35m 时,初期支护拱顶的压应力值较大,易形成纵向裂缝;初期支护厚度为 0.3m 时,初期支护拉应力和压应力都在设计强度允许范围之内,所以建议初期支护厚度为 0.3m。

不同初期支护厚度下的洞周变形及初期支护应力(黏质黄土—红黏土接触带地层)

表 4-13

初期支护厚度(m)	第一主应力(MPa)	第三主应力(MPa)	最大变形值(cm)
0.25	0.30	16.1	4.95
0.3	0.67	14.1	4.86
0.35	1.01	12.7	4.79

2)钢拱架间距

钢拱架间距对穿越黏质黄土—红黏土接触带隧道的影响与红黏土—砂岩夹泥岩下的工况相似,对不同钢拱架间距下隧道洞周变形及初期支护应力值进行对比,见表 4-14。

不同钢拱架间距下的洞周变形及初期支护应力(黏质黄土—红黏土接触带地层)

表 4-14

钢拱架间距(m)	第一主应力(MPa)	第三主应力(MPa)	最大变形值(cm)
0.6	1.03	12.5	4.73
0.8	0.94	12.4	4.76
1.0	0.86	12.2	4.77
1.2	0.83	12.1	4.78

随着钢拱架间距的增加,隧道洞周变形值变化较小,说明在红黏土—砂岩夹泥岩接触带地层中,钢拱架的间距对围岩位移的控制效果不明显,但 4 种钢拱架间距工况下,洞周变形量均控制在预留变形量内。从初期支护应力方面分析,随着钢拱架间距的增加,初期支护的压应力逐渐减小,说明钢拱架间距对结构应力控制是有效的。在应力分布上,钢拱架间距的影响较小,均在拱肩处出现最大压应力。综合分析,4 种钢拱架间距均能满足预留变形量的要求,但是开挖进尺过大,易引起拱顶黏质黄土地层中的塌方,所以建议选择钢拱架间距为 0.6m。

4.2.4 黏质黄土—砂岩夹泥岩接触带地层支护参数

1)初期支护厚度

在对穿越红黏土—砂岩夹泥岩接触带隧道初期支护进行研究时,采用了与红黏土—砂岩夹泥岩地层条件下相似的分析方法,研究不同初期支护厚度下的隧道洞周变形与初期支护应力。

不同初期支护厚度下的拱顶、拱腰、边墙处的围岩位移时程曲线相近,变化规律相同,但最终围岩位移值与预变形值有所差异。初期支护厚度分别为25cm、30cm、35cm的3种工况下围岩位移结果见表4-15。随着初期支护厚度的增加,3种工况下的围岩位移值均逐渐减小,开挖前拱顶的围岩预变形值也逐渐减小,但预变形值在围岩最终位移值中的占比有所增大。

不同初期支护厚度下的围岩位移(黏质黄土—砂岩夹泥岩地层)　表4-15

项　目	初期支护厚度(cm)		
	25	30	35
拱顶最终位移值(cm)	5.63	5.40	5.20
拱顶预变形值(cm)(占比%)	3.05(54)	2.99(55)	2.94(57)
拱肩最终位移值(cm)	5.36	5.21	5.07
边墙最终位移值(cm)	1.27	1.21	1.17

为分析结构受力,现将不同初期支护厚度工况下初期支护应力值进行对比,并结合洞周变形进行分析,见表4-16。从表中可知,随着初期支护厚度的增加,围岩位移值变化较小,说明在黏质黄土—砂岩夹泥岩接触带地层中,初期支护的厚度对围岩位移的控制效果不明显,但在3种不同初期支护厚度工况下,洞周变形量均控制在预留变形量内。从初期支护应力方面分析,随着初期支护厚度的增加,初期支护的压应力有所减小,说明初期支护厚度对结构应力控制是直接有效的。在应力分布上,初期支护厚度的影响较小,3种初期支护厚度下均在拱肩处出现最大压应力。综合考虑以上因素并结合工程实际,建议选择初期支护厚度为0.3m。

不同初期支护厚度下的洞周变形及初期支护应力(黏质黄土—砂岩夹泥岩地层)

表4-16

初期支护厚度(m)	第一主应力(MPa)	第三主应力(MPa)	最大变形值(cm)
0.25	4.74	12.37	5.63
0.30	4.22	10.99	5.40
0.35	3.82	9.91	5.20

2)钢拱架间距

钢拱架的间距是初期支护刚度的主要影响参数,间距越小、初期支护刚度越大,间距越大、初期支护刚度越小,故间距可以通过刚度影响围岩的位移变形。在实际工程中,刚度并不是越大越好,过大的初期支护刚度会使得结构荷载变大,对材料、施工的要求进一步提升,同时,在施工过程中应当适当对围岩应力进行释放,所以合理的钢拱架间距既要使初期支护的刚度足够保证围岩变形在预留变形量内,又要使围岩应力释放一定程度以保证初期支护不发生材料强度破坏。

本次计算钢拱架间距为0.6m、0.8m、1.0m和1.2m的4种工况,分析初期支护的应力变化、洞周变形以及钢拱架的轴力和弯矩,以此判断合理的钢拱架间距。综合上述分析,对钢拱架不同间距下洞周变形及初期支护应力值进行对比,见表4-17。

不同钢拱架间距下的洞周变形及初期支护应力(黏质黄土—砂岩夹泥岩地层)

表4-17

钢拱架间距(m)	第一主应力(MPa)	第三主应力(MPa)	最大变形值(cm)
0.6	5.95	12.50	3.00
0.8	5.84	12.31	3.03
1.0	5.75	12.19	3.04
1.2	5.29	12.13	3.05

从上述的分析结果可以看出,3种不同钢拱架间距工况下,围岩位移变形相差不大,初期支护中的应力值相近,且均在设计规范允许范围内。这说明,钢拱架间距对位移变形和结构应力的控制效果不明显。但综合考虑到黏质黄土拱顶处结构性差,易出现塌方事故,所以在实际工程中建议采用的钢拱架间距为0.6m。

隧道超前支护厚度数值模拟

为了提高隧道施工过程中开挖面及围岩的稳定性,超前支护措施得到了广泛应用。为研究不同超前支护厚度条件下隧道围岩的力学行为,本节采用数值模拟手段分析超前支护厚度对围岩稳定性的影响规律,并得到适用于不同岩性接触带下合理的超前支护厚度。

4.3.1 数值建模简述

根据贾塬隧道的现场实际情况和施工设计资料，以红黏土—砂岩夹泥岩接触带 DK278 + 273 ~ DK278 + 555 为数值模型的原型基础。建模时横向以隧道中线位置向两侧各取 60m，竖向取仰拱底部以下 50m、拱顶以上取 50m（剩余埋深以竖向均布荷载的形式施加），沿隧道轴向取 40m。

在模型的底部边界采用竖向约束；前后左右边界均采用水平约束。隧道围岩特性按弹塑性材料考虑，采用莫尔—库仑准则，初期支护采用 shell 单元，钢拱架通过提高初期支护弹性模量来等效。根据开挖对隧道结构影响大小的施工经验、计算经验和实际开挖步长，监测模型沿隧道轴向 24m 处的断面。部分数值模型如图 4-10 所示。

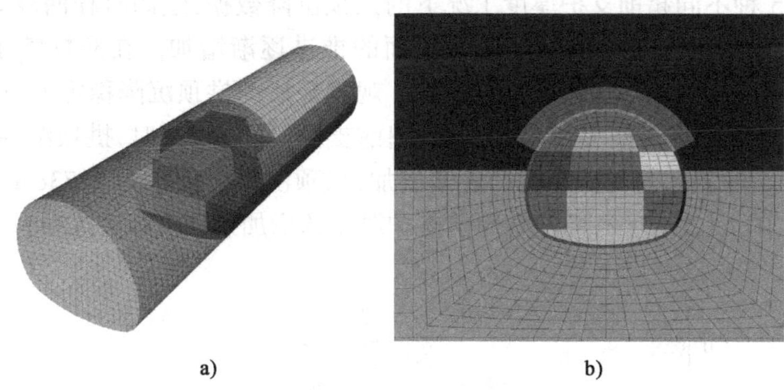

a)　　　　　　　　b)

图 4-10　超前支护数值模型

以贾塬隧道设计工法与支护参数为基础，建立穿越不同岩性接触带隧道区间三维分析模型，模拟穿越不同岩性接触带隧道（红黏土—砂岩夹泥岩接触带、黏质黄土—砂岩夹泥岩接触带）在不同超前支护厚度的条件下，隧道开挖后支护结构的受力情况和围岩变形规律。选取得具体计算工况见表 4-18。

穿越不同岩性接触带隧道超前支护计算工况　　　　表 4-18

工 况 编 号	接触带性质	超前支护厚度(m)	钢拱架间距(m)
1	红黏土—砂岩夹泥岩	0	0.8
2	红黏土—砂岩夹泥岩	1	0.8
3	红黏土—砂岩夹泥岩	2	0.8
4	红黏土—砂岩夹泥岩	3	0.8
5	红黏土—砂岩夹泥岩	4	0.8

续上表

工况编号	接触带性质	超前支护厚度(m)	钢拱架间距(m)
6	黏质黄土—红黏土	0	0.8
7	黏质黄土—红黏土	1	0.8
8	黏质黄土—红黏土	2	0.8
9	黏质黄土—红黏土	3	0.8
10	黏质黄土—红黏土	4	0.8

4.3.2 红黏土—砂岩夹泥岩接触带地层超前支护厚度

1)拱顶沉降

提取5种不同超前支护厚度工况下的拱顶沉降数据,绘制时程曲线如图4-11所示,该地层条件下拱顶沉降随着掌子面的推进逐渐增加。在开挖掌子面通过监测断面后,拱顶沉降值有收敛的趋势。观察最后的拱顶沉降稳定值可知,无超前支护时拱顶沉降值最大,为6.73cm;超前支护厚度为4m时,拱顶沉降值最小,为5.87cm。随着超前支护厚度的逐渐增加,拱顶沉降值依次为6.73cm、6.37cm、6.23cm、6.04cm、5.87cm,即随着超前支护厚度的增加拱顶沉降值减小。

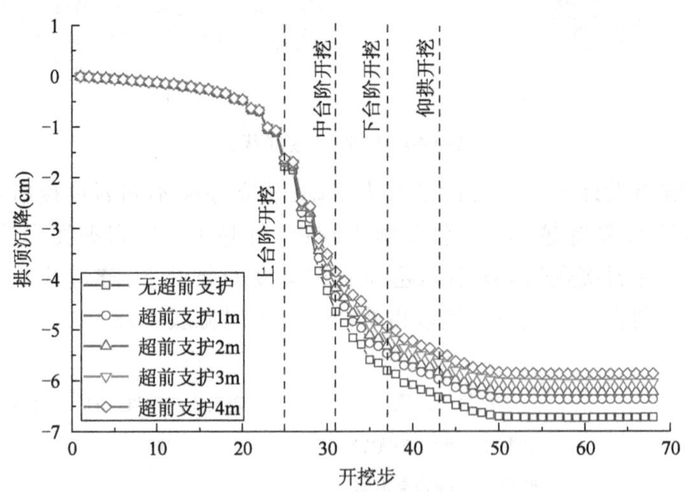

图4-11 不同超前支护厚度下的拱顶沉降时程曲线(红黏土—砂岩夹泥岩接触带地层)

2)拱腰水平位移

绘制拱腰水平位移在5种不同超前支护厚度工况下的时程曲线,如图4-12所示，拱腰水平位移随着掌子面的推进逐渐增加。在开挖掌子面通过监测断面后，拱腰水平位移值有收敛的趋势。观察最后的拱腰水平位移稳定值可知，无超前支护时拱腰水平位移最大，为0.98cm；当超前支护厚度为4m时，拱腰水平位移值最小，为0.91cm。随着超前支护厚度的逐渐增加，拱腰水平位移值依次为0.98cm、0.96cm、0.94cm、0.93cm、0.91cm，各超前支护厚度工况下的拱腰水平位移值相差较小。由此可知，超前支护厚度对拱腰水平位移的影响较小。

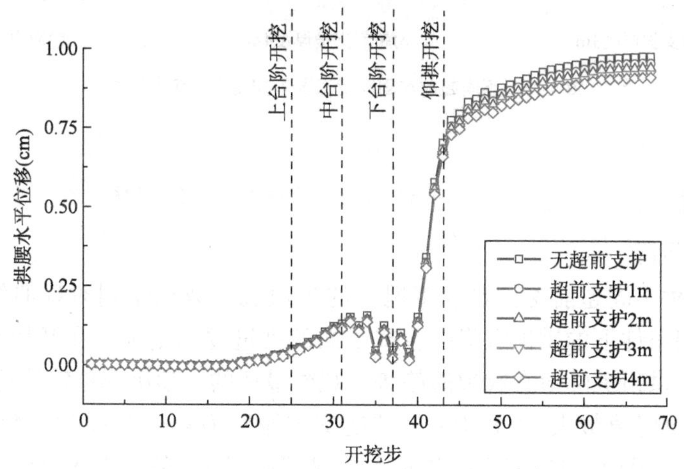

图4-12　不同超前支护厚度下的拱腰水平位移时程曲线(红黏土—砂岩夹泥岩接触带地层)

3)初期支护应力

不同超前支护厚度工况下的初期支护应力云图如图4-13所示，不同超前支护厚度工况下，初期支护均在拱肩处出现应力集中。无超前支护时初期支护最大压应力值为11.6MPa，有超前支护时，4种超前支护厚度工况下的初期支护最大压应力值均在11MPa左右。由此可知：施作超前支护能降低初期支护的应力，但超前支护厚度对初期支护最大压应力和应力分布的影响较小。

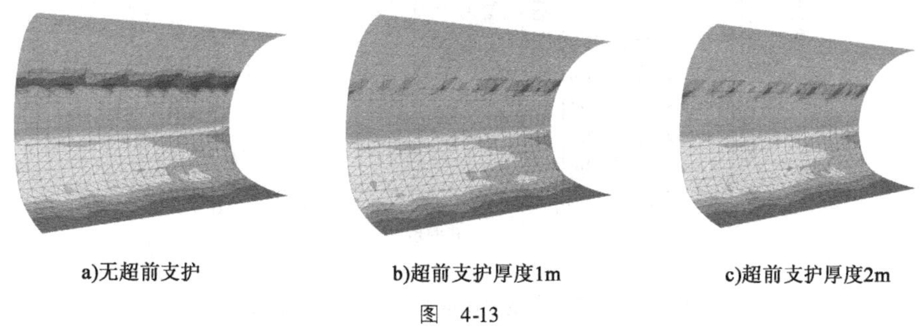

a)无超前支护　　b)超前支护厚度1m　　c)超前支护厚度2m

图　4-13

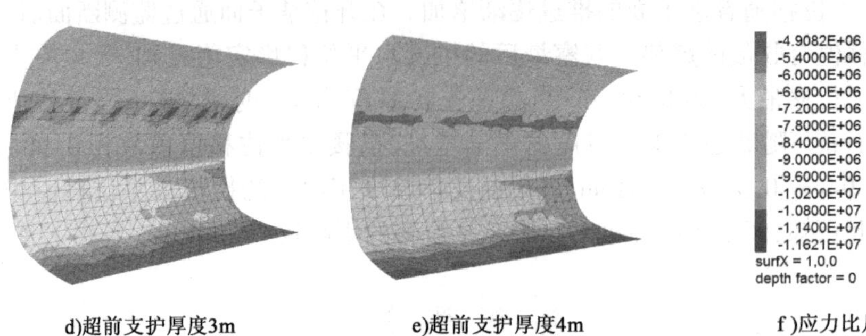

d)超前支护厚度3m　　e)超前支护厚度4m　　f)应力比尺

图 4-13　不同超前加固厚度工况下初期支护应力云图

4.3.3 黏质黄土—红黏土接触带地层超前支护厚度

1)拱顶沉降

提取5种不同超前支护厚度工况下的拱顶沉降数据绘制时程曲线如图4-14所示,该地层条件下的拱顶沉降随着掌子面的推进逐渐增加。在开挖掌子面通过监测断面后,拱顶沉降值有收敛的趋势。观察最后的拱顶沉降稳定值可知,无超前加固时拱顶沉降值最大,为8.15cm;超前支护厚度为4m时,拱顶沉降值最小,为7.66cm。随着超前支护厚度的逐渐增加,拱顶沉降值依次为8.15cm、7.93cm、7.85cm、7.75cm、7.66cm,即随着超前支护厚度的增加拱顶沉降值减小。

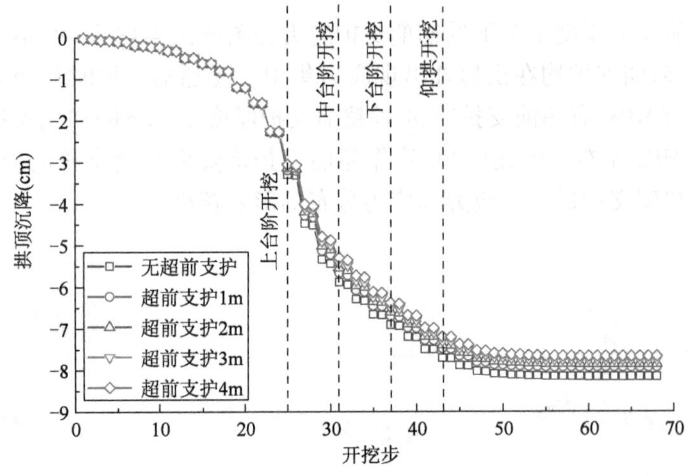

图 4-14　不同超前支护厚度下的拱顶沉降时程曲线

2)拱腰水平位移

绘制拱腰水平位移在5种不同超前支护厚度工况下的时程曲线如图4-15所示,拱腰水平位移随着掌子面的推进逐渐增加。在开挖掌子面通过监测断面后,拱腰水平位移值有收敛的趋势。观察最后的拱腰水平位移稳定值可知,无超前支护时拱腰水平位移最大,为5.45cm;超前支护厚度为4m时,拱腰水平位移值最小,为5.42cm。随着超前支护厚度的逐渐增加,拱腰水平位移值依次为5.42cm、5.40cm、5.43cm、5.46cm、5.45cm,各超前支护厚度工况下的拱腰水平位移值相差较小。由此可知,超前支护厚度对拱腰水平位移的影响较小。

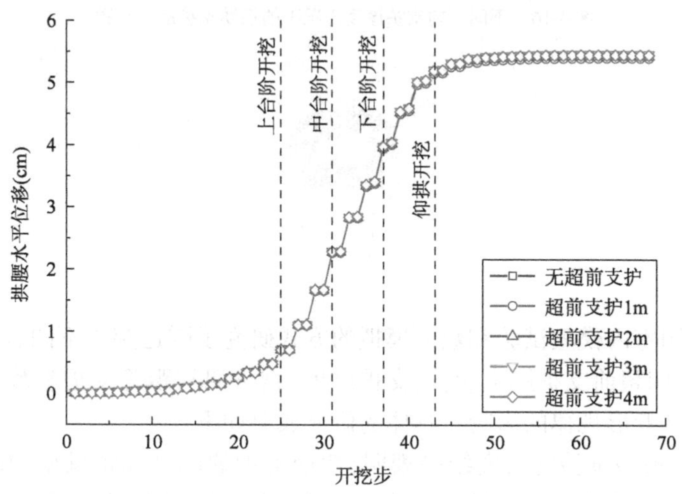

图4-15 不同超前支护厚度下的拱腰水平位移时程曲线

3)初期支护应力

不同超前支护厚度工况下的初期支护应力云图如图4-16所示,不同超前支护厚度工况下,初期支护均在拱腰处出现应力集中,初期支护的最大压应力值均在15MPa左右。由此可知,超前支护厚度对初期支护最大压应力和应力分布的影响较小。

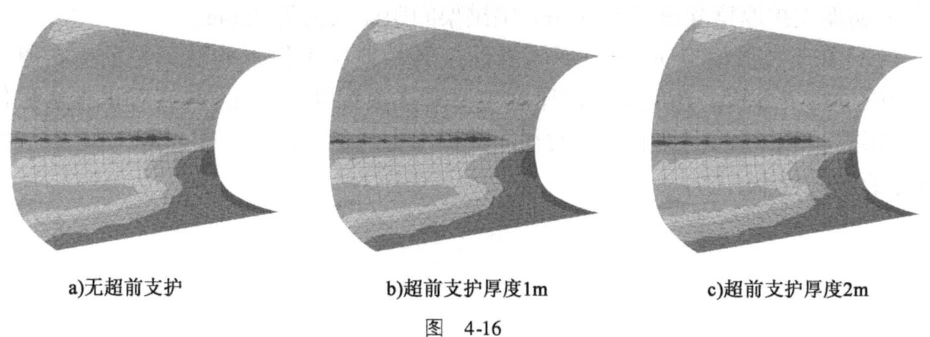

a)无超前支护　　b)超前支护厚度1m　　c)超前支护厚度2m

图 4-16

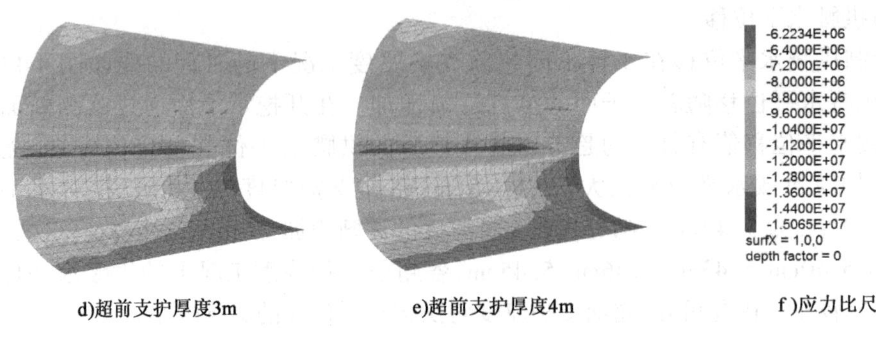

d)超前支护厚度3m　　e)超前支护厚度4m　　f)应力比尺

图4-16　不同超前支护厚度工况下的初期支护应力云图

本章小结

本章采用室内模型试验和数值模拟的方式研究了隧道穿越不同岩性接触带施工过程中，不同超前支护厚度、初期支护厚度、钢拱架间距等支护参数对支护结构的受力特征和变形规律的影响。具体的研究成果如下：

(1)基于模型试验的研究结果表明，初期支护的厚度和钢拱架的间距对围岩位移的控制效果不明显，但是增大初期支护厚度和缩小钢拱架间距对支护的结构应力控制是直接有效的。

(2)基于数值模拟研究，对3种不同岩性接触带地层条件下的隧道支护参数进行了比选。在红黏土—砂岩夹泥岩接触带地层中，初期支护厚度建议值为0.3m、钢拱架间距建议值为0.8m；在黏质黄土—红黏土和黏质黄土—砂岩夹泥岩接触带地层中，初期支护厚度建议值为0.3m、钢拱架间距建议值为0.6m。

(3)基于数值模拟研究，对不同岩性接触带地层条件下的隧道超前支护厚度的影响进行了分析。超前支护的厚度主要对拱顶沉降有一定影响，对拱腰水平位移的影响较小；超前支护的厚度对初期支护应力的最大值有一定影响，但是对应力分布的影响较小。

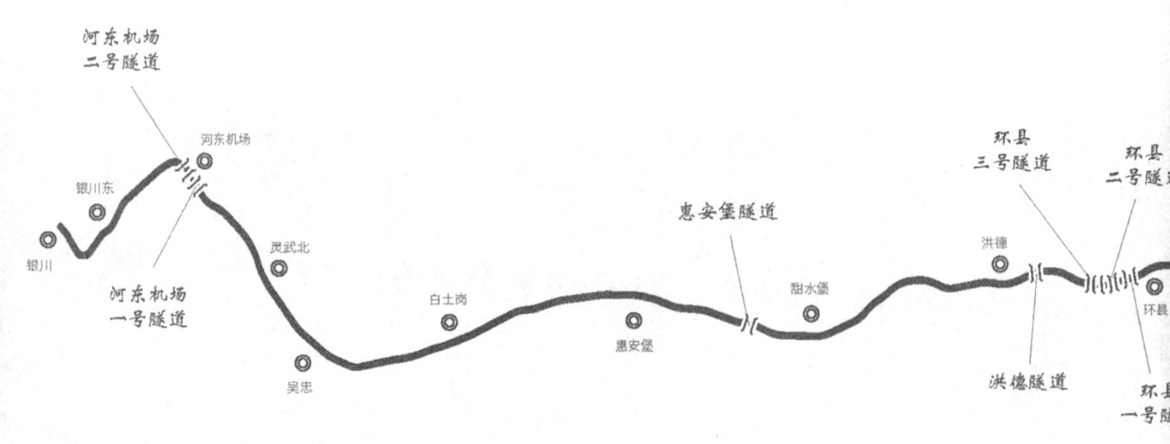

河东机场
二号隧道
河东机场
银川东
银川
河东机场
一号隧道
灵武北
吴忠
白土岗
惠安堡
惠安堡隧道
甜水堡
洪德
环县
三号隧道
洪德隧道
环县

第5章

穿越不同岩性接触带隧道施工技术

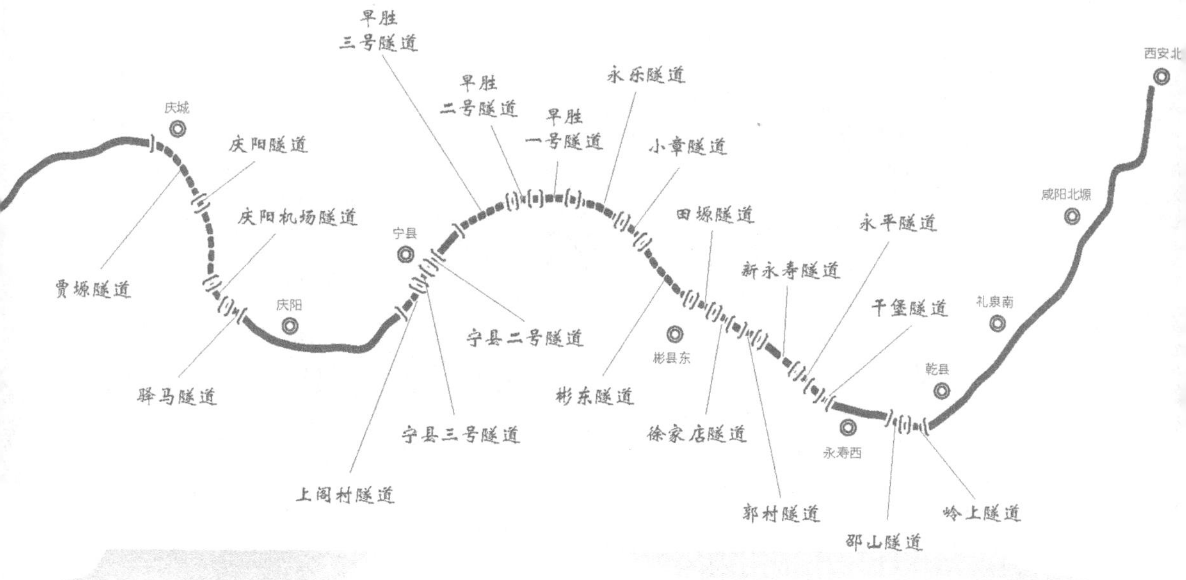

本章基于贾塬隧道穿越不同岩性接触带的现场施工资料，结合前文的研究成果开展了穿越长段落不同岩性接触带隧道施工技术研究，提出了一种动态施工技术。该施工技术主要对施工参数和支护参数进行了优化，解决了原设计中不便于施工、不能根据地层条件灵活变化等问题，达到了根据不同接触带分界面位置对工法进行动态调整、“岩变我变”的目的，进而在保证施工安全的前提下提高了工作效率，同时优化后的支护参数更便于实施，符合现场实际施工。

穿越不同岩性接触带隧道常规施工方法

隧道开挖施工方法应根据工程地质和水文地质条件、开挖断面大小、衬砌类型、隧道长度、围岩埋深、工期要求及环境制约等因素综合研究确定。当需要变换施工工法时，以工序转换简单和较小影响施工进度为原则，一般不宜频繁变换施工工法。本节基于贾塬隧道现场施工特点确定了穿越不同岩性接触带隧道施工方法及工艺流程，主要采用三台阶临时仰拱法和三台阶预留核心土法进行施工。

5.1.1 三台阶临时仰拱法

根据前文研究成果及现场施工条件综合考虑，贾塬隧道在穿越黏质黄土—红黏土接触带时采用了三台阶临时仰拱法。此外，由于三台阶七步法的工序多，对围岩扰动次数多，现场实施过程相对烦琐，因此在黏质黄土—砂岩夹泥岩接触带地层也主要采用了三台阶临时仰拱法。

1）施工工序

三台阶临时仰拱法开挖施工工序如下（图5-1）：

（1）开挖上台阶，同时每循环进尺一次，每次一榀钢架，开挖前做好超前支护。

（2）施作上台阶洞身的初期支护，即初喷4cm厚混凝土，架立钢架，并设置锁脚锚杆（管）。

（3）钻设系统锚杆后复喷至混凝土设计厚度，同时施作第一道临时仰拱。

（4）上台阶施工3～5m后，开挖中台阶，接长钢架，施作洞身结构的初期支护，逐榀拆除第一道临时仰拱。

（5）中台阶施工3～5m后，开挖下台阶，接长钢架，施作洞身结构的初期支护及第二道临时仰拱。

(6)下台阶开挖15～20m后,逐榀拆除第二道临时仰拱,开挖仰拱,并及时封闭初期支护,浇筑仰拱及填充。

(7)待填充施工约30m后,根据围岩变形稳定情况,利用衬砌模板台车一次性浇筑拱墙衬砌。

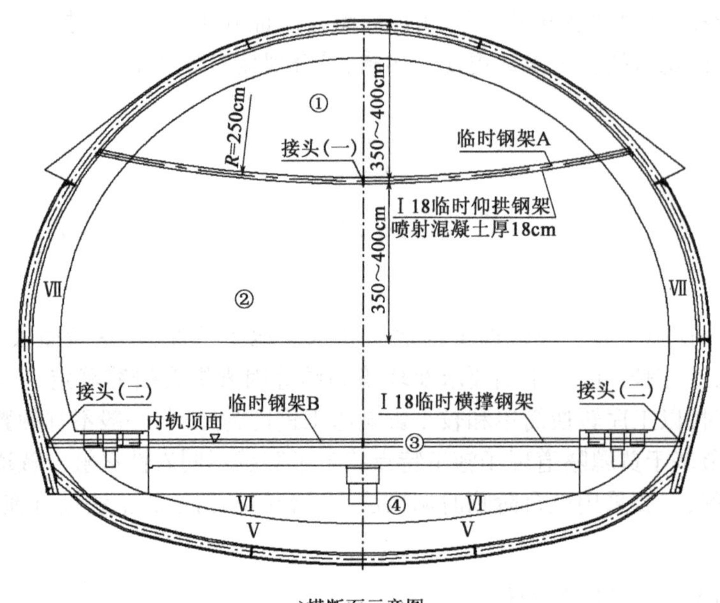

a)横断面示意图

超前支护
初期支护喷射混凝土
Ⅶ
①
钢架(未示全)
②
③
边墙墙脚线
栈桥
Ⅵ
④
Ⅴ
6～12m
3～5m
3～5m
隧底填充
仰拱
初期支护

b)纵断面示意图

图 5-1

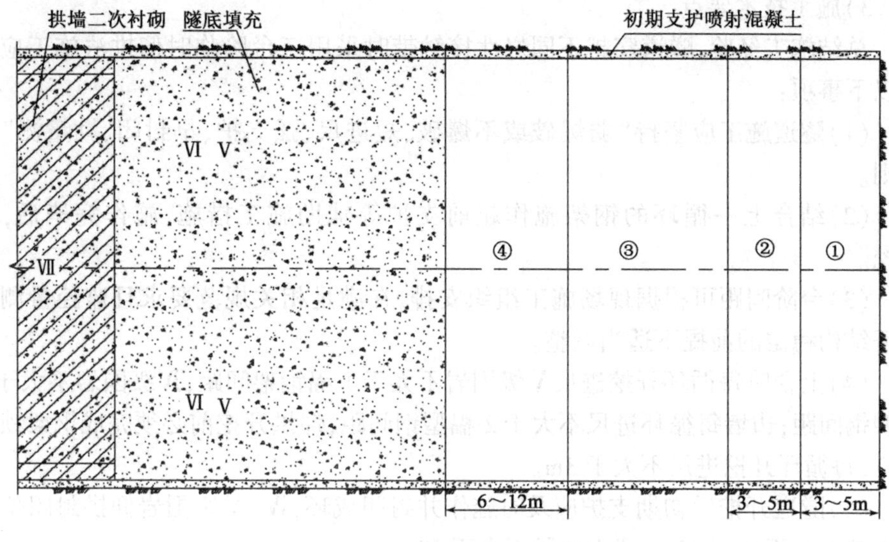

c)平面示意图

图 5-1　三台阶临时仰拱法施工工序示意图

2)施工流程

三台阶临时仰拱法的施工流程如图 5-2 所示。

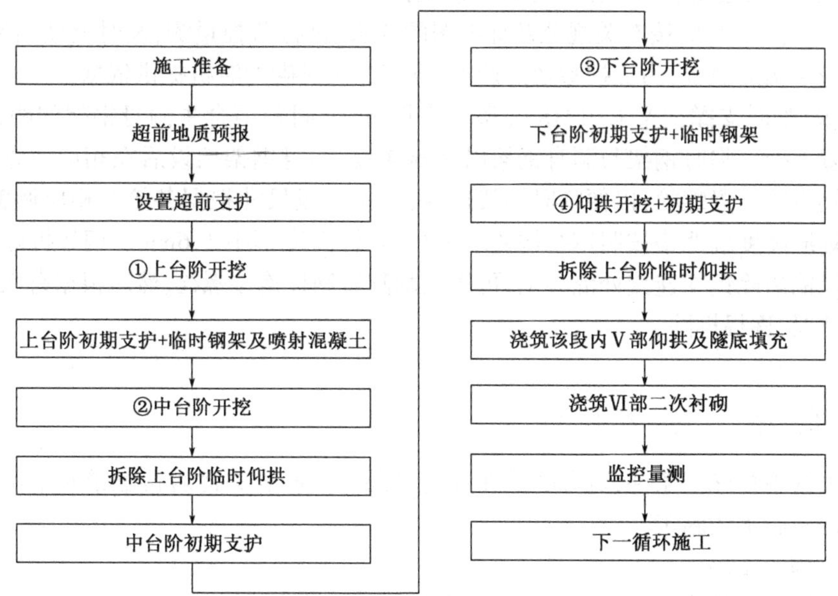

图 5-2　三台阶临时仰拱法施工流程图

3)施工技术要点

总结施工经验,隧道穿越不同岩性接触带时采用三台阶临时仰拱法施工应注意以下事项:

(1)隧道施工应坚持"弱爆破或不爆破、短进尺、强支护、早封闭、勤量测"的原则。

(2)结合上一循环的钢架施作超前支护等辅助施工措施,施作完毕后,再开挖。

(3)台阶间距可根据现场施工组织安排,在满足相关规范要求且监控量测能保证结构稳定的前提下适当调整。

(4)上台阶每循环开挖进尺Ⅴ级围岩不大于1榀钢架间距,Ⅳ级围岩不大于2榀型钢间距;边墙每循环进尺不大于2榀型钢间距;仰拱开挖前必须完成钢架锁脚锚杆,每循环开挖进尺不大于3m。

(5)隧道开挖后初期支护应及时施作并封闭成环,Ⅳ、Ⅴ级围岩仰拱封闭位置距离掌子面不大于35m,黄土地段不大于30m。

(6)二次衬砌需及时施作,二次衬砌距掌子面距离:Ⅳ级围岩不大于90m,Ⅴ级围岩不大于70m。

(7)②部和③部开挖和初期支护施作时,应左右两侧错开进行,错开距离为2~3榀钢架,避免后续开挖后导致初期支护落空。

(8)施工中,应按有关规范及标准图的要求,进行监控量测,及时反馈结果,分析洞身结构的稳定,为支护参数的调整、浇筑二次衬砌的时机提供依据。

(9)临时支撑钢架采用I18轻型工字钢,钢架间距结合主洞身钢架间距,每2榀设置1处。临时钢架与洞身钢架以螺栓连接,洞身钢架架设后在相应位置焊接连接钢板并预置螺栓,以便临时钢架连接,连接钢板尺寸根据各接头相应调整,接头处焊缝高度应严格按照钢结构要求进行,焊缝高度不小于6mm。钢架拆除时应先用风镐凿除钢架连接处混凝土,再用氧割割断钢板连接螺栓,然后根据每次开挖进尺情况,逐榀拆除。

5.1.2 三台阶预留核心土法

根据现场施工条件,贾塬隧道在穿越红黏土—砂岩夹泥岩接触带时采用三台阶预留核心土法施工。

1)施工工序

三台阶预留核心土法开挖施工工序如图5-3所示。

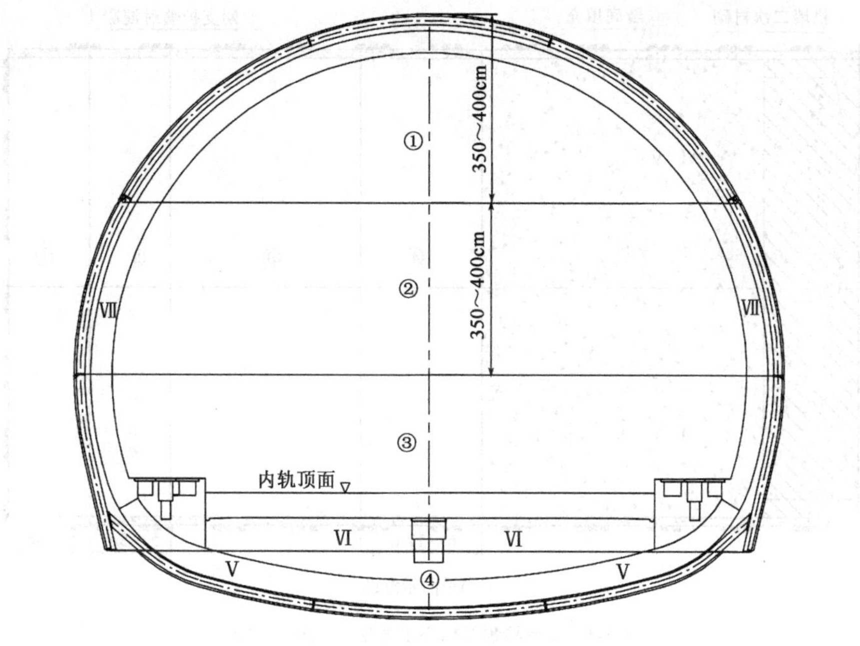

a)横断面示意图

超前支护
初期支护喷射混凝土
Ⅶ
钢架(未示全)
①
②
③
栈桥
Ⅵ
Ⅴ
④
6～12m
5～8m
5～8m
隧底填充
仰拱
初期支护

b)纵断面示意图

图 5-3

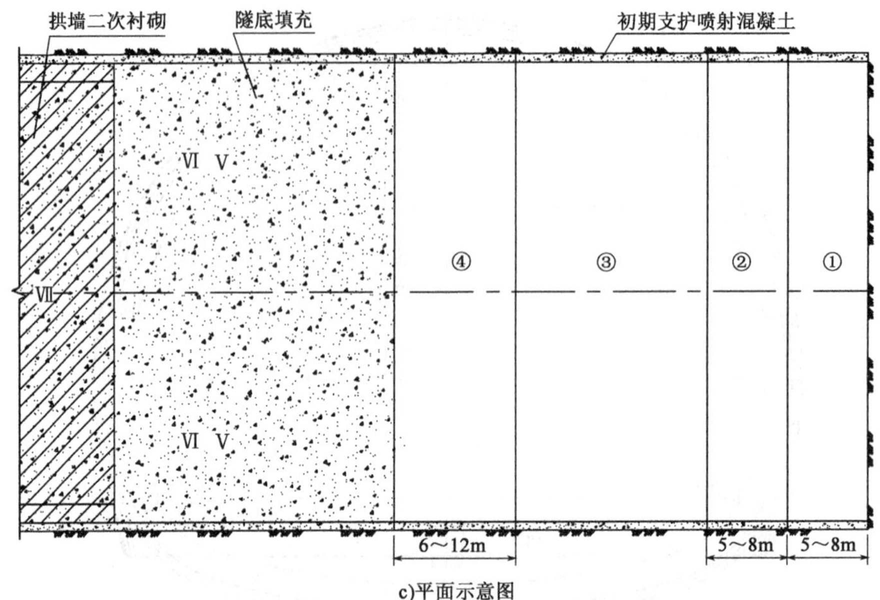

c)平面示意图

图 5-3　三台阶预留核心土法施工工序示意图

(1)利用上一循环架立的钢架施作隧道侧壁 ϕ42mm 小导管;机械开挖①部,人工配合整修;施作①部初期支护和临时支护,即初喷 4cm 厚混凝土,架立钢架和 I18 临时竖撑。钻设径向锚杆后复喷混凝土至设计厚度。

(2)滞后于①部 3～5m,机械开挖②部,人工配合整修;初喷 4cm 厚混凝土;接长型钢钢架,并设锁脚锚杆;钻设径向锚杆后复喷混凝土至设计厚度。

(3)滞后于②部 2～3m,机械开挖③部,人工配合整修;初喷 4cm 厚混凝土;接长型钢钢架,钢架基础垫设槽钢并设锁脚锚杆;钻设径向锚杆后复喷混凝土至设计厚度。

(4)滞后于③部 3～5m,开挖④部,并施作导坑周边的初期支护,步骤及工序同(2)。

(5)滞后于④部 2～3m,机械开挖⑤部,人工配合整修。步骤及工序同(3)。

(6)滞后于⑥部一段距离,机械开挖隧底剩余部分⑦部,人工配合整修。

(7)利用仰拱栈桥浇筑Ⅸ部边墙基础与仰拱及Ⅹ部隧底填充混凝土(仰拱与填充应分次施作)。

(8)利用衬砌模板台车一次性浇筑Ⅺ部衬砌(拱墙衬砌一次施作)。

2)施工流程

三台阶预留核心土法的施工流程如图 5-4 所示。

图5-4　三台阶预留核心土法施工流程图

3)施工技术要点

隧道穿越不同岩性接触带时采用三台阶预留核心土法施工,应注意以下事项:

(1)隧道施工应坚持“弱爆破、短进尺、强支护、早封闭、勤量测”的原则。

(2)开挖方式均采用弱爆破或人工开挖,爆破时严格控制炮眼深度及装药量。

(3)上、中台阶施作钢架时,应采用扩大拱脚或施作锁脚锚管等措施,控制围岩和初期支护变形。

(4)中、下台阶开挖支护应左右侧交错进行,下部施工应减少对上部围岩、支护的扰动。

(5)上台阶应在上台阶喷射混凝土达到设计强度70%以上时再进行下一台阶开挖。

(6)施工中按有关规范、规定的要求,进行监控量测,及时反馈结果,为支护参数的调整、浇筑二次衬砌的时机提供依据。

穿越不同岩性接触带隧道动态施工法

5.2.1 施工参数优化

隧道在穿越长段落不同岩性接触带过程中,分界面位置随开挖过程不断变化。通过前述研究可知,分界面位于隧道断面不同位置时,隧道洞周变形和结构受力是不断变化的。且在实际施工过程中地层条件不断变化,采用单一开挖参数难以满足施工需求,应根据地层条件变化做出相应调整。

1)施工参数优化原则

通过前述分析与现场调研,确定施工参数的优化原则如下:

(1)实际施工过程中,上台阶直接关系到作业空间,从而影响工作时间和工作效率,在保证施工安全的前提下,可增加上台阶高度,有利于提高开挖效率,使支护及时封闭成环。

(2)上台阶在施作超前支护过程中经常会遇到锁脚锚杆与超前导管碰撞的情况,根据上台阶尺寸改变超前支护范围。

(3)红黏土所占比例越大,对隧道变形和结构受力越不利,所以当分界面越往下时,应适当增加台阶高度。

(4)实际施工过程中,砂岩夹泥岩地层难以预留核心土,故应去除相应地层中核心土。

(5)接触带地层上方围岩自稳能力差,在穿越长段落接触带时应快速通过。

现结合已有问题对原有工法进行调整。由于隧道在穿越接触带的过程中,分界面相对隧道的位置不断变化,以分界面距离拱顶高度为条件,拟定3种不同施工参数,以达到隧道穿越长段落不同岩性接触带动态施工的目的。

2)优化后的施工参数

在拟定台阶高度的过程中,以原设计为依据,通过数值分析可知在穿越红黏土—砂岩夹泥岩接触带过程中,红黏土所占比例越大对隧道洞周变形与结构受力越不利,则当分界面距离拱顶大于7.55m时,采用原设计中台阶高度;当分界面距离拱顶4.4~7.5m时,红黏土在断面中所占比例减小,将上台阶高度增加30cm;当分界面距离拱顶小于4.4m时,红黏土仅存在上台阶,则将上台阶高度再增加

30cm;并根据相应台阶高度与地层条件调整循环进尺及台阶长度。

同时为避免上台阶锁脚锚杆与超前小导管产生碰撞,根据台阶高度对超前支护范围进行调整;综合考虑现场实际施工过程中,砂岩夹泥岩地层中难以预留核心土,去除相应地层中的预留核心土;对上述施工参数进行优化后,结合后续关于支护参数研究,将优化后支护参数进行应用。优化后的施工参数见表5-1、图5-5。

优化后的施工参数　　表5-1

分界面位置	循环进尺(m)	上台阶		中台阶		下台阶		超前支护范围
		高度(m)	长度(m)	高度(m)	长度(m)	高度(m)	长度(m)	
距拱顶大于7.55m	1.6	3.8	4.8	3.6	4.8	3.6	4.8	120°
距拱顶4.4~7.55m	2.0	3.8~4.1	5	3.45~3.6	5	3.45~3.6	5	125°
距拱顶小于4.4m	2.0	4.1~4.4	5	3.3~3.45	5	3.3~3.45	5	130°

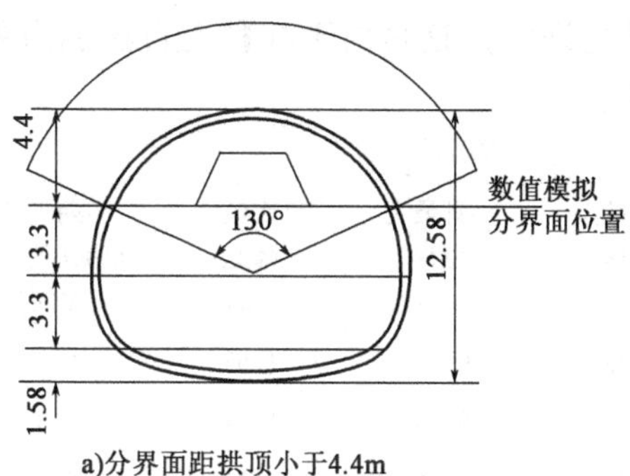

a)分界面距拱顶小于4.4m

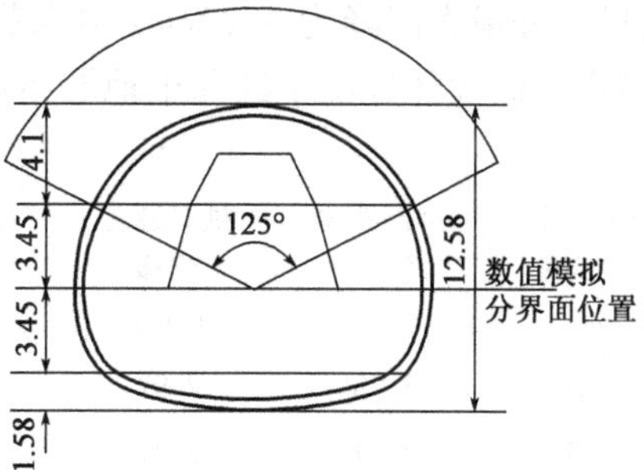

b)分界面距离拱顶4.4~7.55m

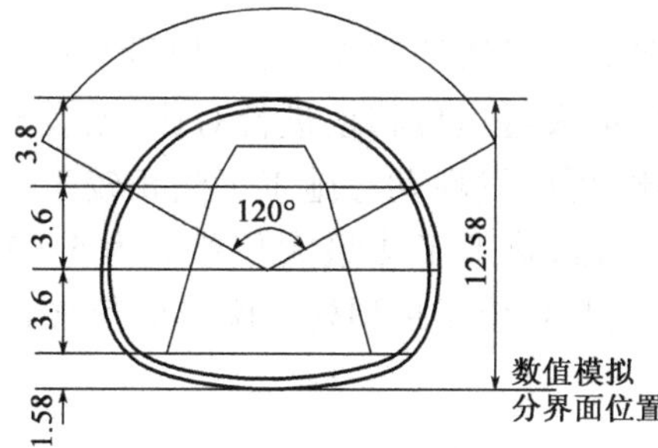

c)分界面距拱顶大于7.55m

图5-5　动态施工工法施工参数(尺寸单位:m)

3)施工参数优化效果分析

拟定施工参数后,采用数值模拟对施工过程中的隧道洞周变形、结构受力进行分析。在对每种施工参数进行数值模拟的过程中应选用接触带分界面最不利条件，即上层红黏土占比例最多的地层条件。3 种数值模型如图 5-6 所示。

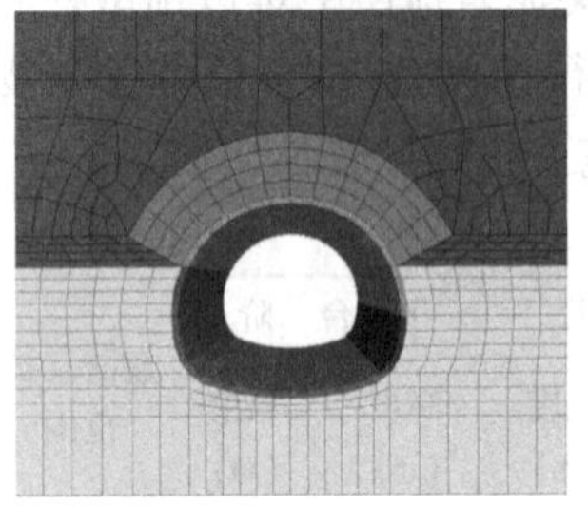

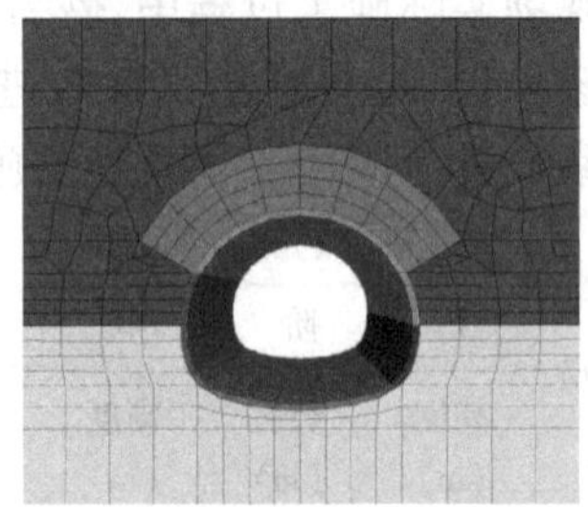

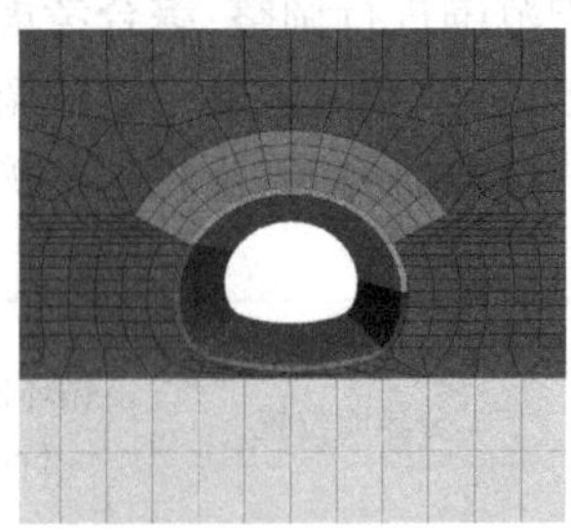

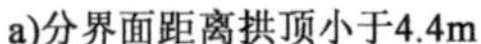
a)分界面距离拱顶小于4.4m　b)分界面距离拱顶4.4～7.55m　c)分界面距离拱顶大于7.55m

图 5-6　动态施工工法数值模型

根据上述优化后的施工参数建模计算，隧道洞周变形与结构受力结果提取见表 5-2。当接触带分界面距离拱顶大于 7.5m 时采用该施工工法隧道洞周变形最大，拱顶处最大沉降为 5.92cm（但未超过允许值），这是由于红黏土自稳能力差，且隧道断面大部分位于红黏土地层条件下。

施工参数优化后数值模拟结果　表 5-2

分界面距拱顶高度（m）	拱顶最大沉降（cm）	拱肩最大位移（cm）	拱腰最大位移（cm）	拱脚最大位移（m）	拱底最大隆起（m）	初期支护最大压应力（MPa）
<4.4	3.28	2.97	1.25	0.63	1.67	16.03
4.4 ~7.5	4.17	3.71	2.04	0.79	1.74	13.83
>7.5	5.92	5.66	3.76	3.76	3.11	14.61

为进一步验证动态施工工法的安全性，与原设计的三台阶预留核心土法施工参数所得到的各部位最大隧道位移值进行对比，见表 5-3。通过对原设计工法数值模拟结果进行对比，可以发现动态施工工法相较于原设计工法略有增大，但最大位移值相差不大，动态施工工法最大位移值为 5.92cm，原设计施工工法为 5.41cm，二者相差 9.4%，且均位于拱顶处。说明动态施工工法下的围岩位移值与原设计工法相差不大。

施工参数优化数值计算结果对比　表 5-3

工 法 对 比	拱顶最大沉降（cm）	拱肩最大位移（cm）	拱底最大隆起（cm）
动态施工工法	5.92	5.66	3.76
原设计工法（三台阶预留核心土法）	5.41	3.74	2.40

采用同样的方法对动态施工工法下的初期支护所受最大压应力与原设计工法进行比较，提取相应的计算结果如图5-7、表5-4所示。采用动态施工工法后，初期支护所受最大压应力有所减小，说明采用动态施工工法对结构受力更加有利，且支护结构受力较为均匀，未出现明显的应力集中现象。

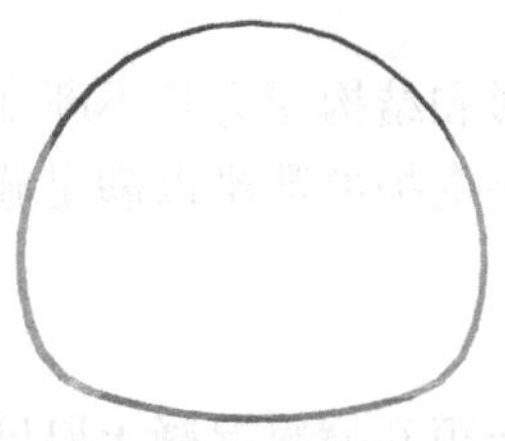
a)分界面距拱顶小于4.4m
(最大值16.03MPa)

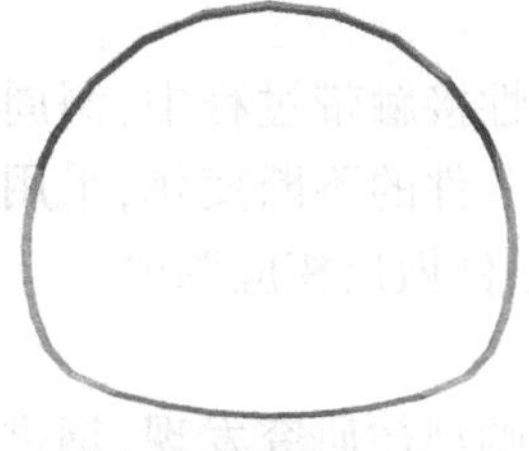
b)分界面距拱顶4.4～7.55m
(最大值13.83MPa)

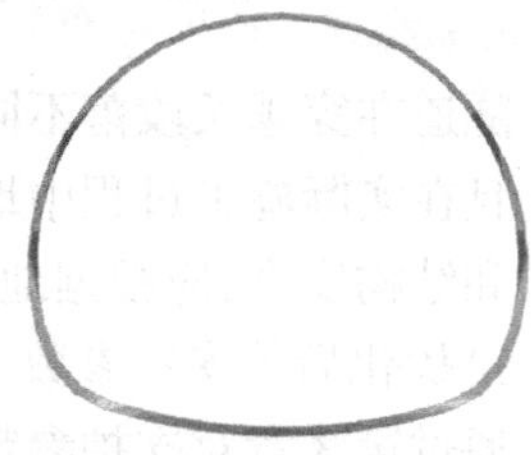
c)分界面距拱顶大于7.55m
(最大值14.61MPa)

图5-7 动态施工工法初期支护应力

施工参数优化初期支护最大压应力(MPa) 表5-4

工 法 对 比	原设计施工工法 (三台阶预留核心土法)	动态施工工法
开挖后初期支护所受最大压应力	17.78	16.03
开挖过程中初期支护所受最大压应力	14.32	13.41

动态施工工法与原设计工法的围岩压力分布如图5-8所示，通过对比发现，采用动态施工工法明显改善了围岩压力分布规律，使应力集中现象有明显改善。原设计工法中在拱腰、拱脚部位有明显的压应力集中现象，相比之下，动态施工工法下的围岩压力没有明显的应力集中现象。

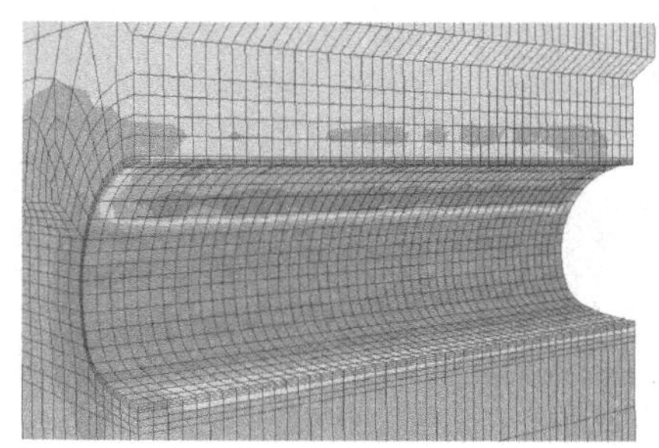
a)动态施工工法

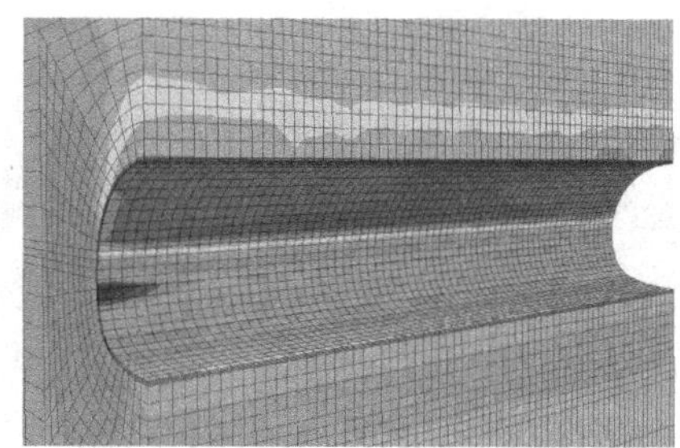
b)原设计施工工法(三台阶预留核心土法)

图5-8 施工参数优化后围岩压力分布图

通过上述数值模拟结果可知，3种施工条件下，分界面距离拱顶大于7.55m时，由于在数值模拟过程中隧道全断面位于红黏土地层，隧道变形显著增大。优化后动态施工工法中最大位移值可达到5.92cm，但未超出允许值；初期支护所受最大压应力为16.03MPa，未达到材料破坏强度，故该施工工法满足施工安全要求。

5.2.2 支护参数优化

隧道在穿越长段落不同岩性接触带过程中，洞周变形和结构受力是不断变化的。且在实际施工过程中地层条件的不断变化，采用单一支护参数难以满足施工需求和结构安全，应根据地层条件做出相应调整。

1)优化后的支护参数

通过第3章对支护参数影响规律研究发现，钢拱架间距和喷射混凝土厚度对初期支护最大压应力影响明显，且钢拱架间距的影响不及喷射混凝土厚度，故增加喷射混凝土厚度，减小钢拱架间距；同时结合前述分析，可以尝试适当减小超前支护厚度。优化后的支护参数见表5-5，其余支护参数保持不变。

优化前后支护参数　　表5-5

支护参数	钢拱架间距	喷射混凝土厚度	超前支护厚度
原设计	0.8m	30cm	3.2m
优化后	1.0m	35cm	3.0m

拟定上述支护参数后，选取红黏土—砂岩夹泥岩接触带为原型进行数值模拟验算，设置3种不同分界面位置，分别位于上台阶、中台阶、隧道底部，如图5-9所示。

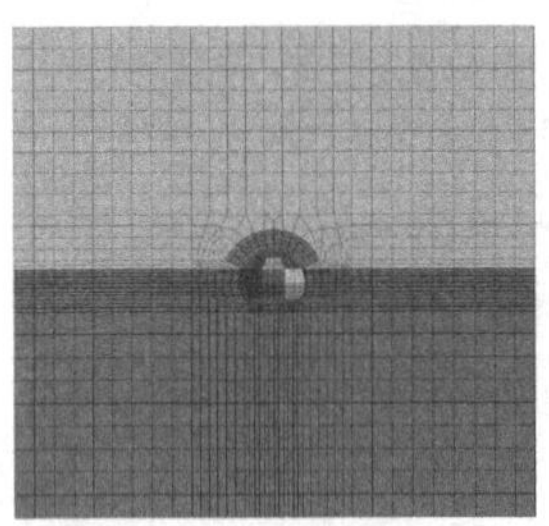

a)分界面位于上台阶

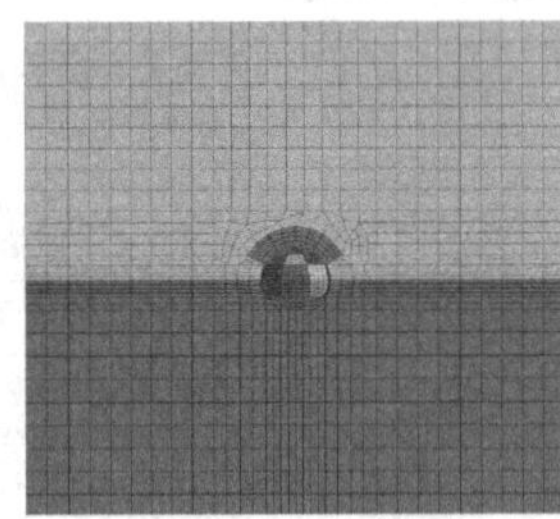

b)分界面位于中台阶

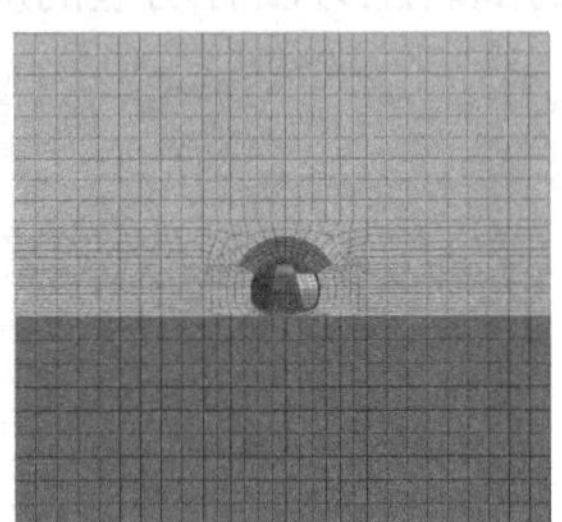

c)分界面位于隧道底部

图5-9　支护参数优化数值模型

2)支护参数优化效果分析

(1)分界面位于上台阶

分界面位于上台阶的工况下隧道围岩位移时程曲线如图5-10所示。该工况下围岩位移随着掌子面的推进逐渐增加。在开挖掌子面通过监测断面后,围岩位移值有收敛的趋势。观察最后的位移稳定值可知,拱顶沉降值最大,为6.9cm;其次为拱肩处,围岩位移值为5.85cm;边墙处围岩位移值最小,为0.8cm。拱顶位置在掌子面开挖之前已经产生了较大的变形,变形值为2.26cm,占总变形量的32.8%。故拱顶沉降受开挖扰动较为明显;上台阶开挖过程中,隧道周边变形较大。

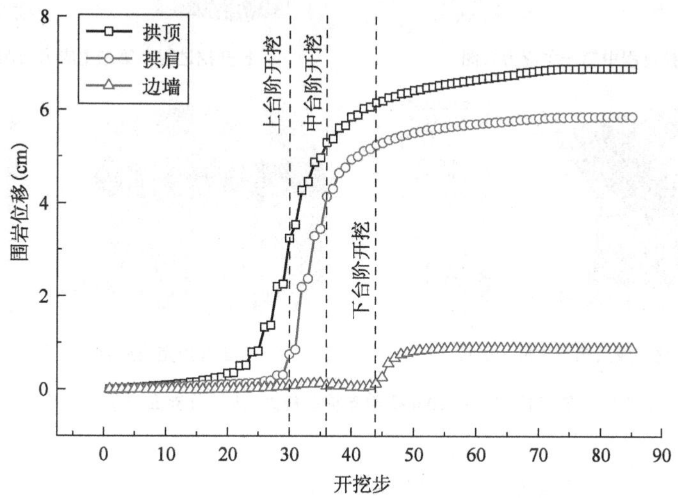

图5-10　支护参数优化后隧道围岩位移时程曲线(分界面位于上台阶)

模型中部20m初期支护主应力云图如图5-11所示。初期支护的压应力随着隧道开挖总体趋势是单调增加的。开挖过程中,初期支护支护以压应力为主,上台阶最大压应力为5.5MPa,中台阶最大压应力为6.5MPa,下台阶最大压应力为6.1MPa。开挖完成后,除仰拱外,初期支护主要受压,最大压应力位于拱肩部位,为14.2MPa。仰拱处拉应力较大,但实际施工过程中仰拱开挖支护完成后,立即进行底板填充和矮边墙的施作,裸露时间较短,故不予考虑。除仰拱外,整个初期支护的拉应力较小,拉应力最大为0.57MPa。

(2)分界面位于中台阶

分界面位于中台阶的工况下隧道围岩位移时程曲线如图5-12所示。该工况下洞周变形随着掌子面的推进逐渐增加。在开挖掌子面通过监测断面后,洞周变形值有收敛的趋势。观察最后的变形量可知,拱顶沉降值最大,为6.9cm;其次为拱肩处,变形值为5.85cm;边墙处变形值最小,为0.8cm。拱顶位置在掌子面开挖之前已经产生了较大的变形,变形值为2.26cm,占总变形量的32.8%。故拱顶沉降受开挖扰动较为明显;上台阶开挖过程中,隧道周边变形较大。

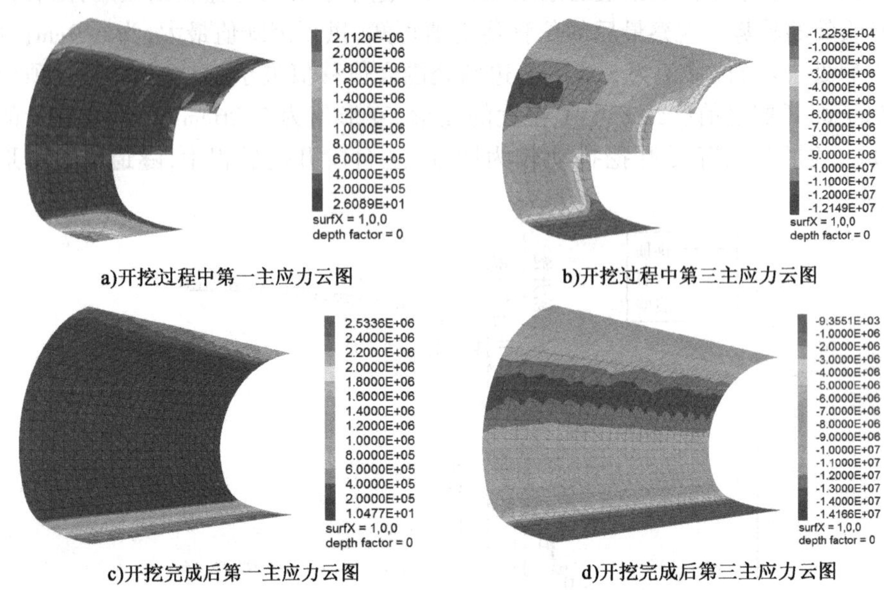

图 5-11　隧道模型中部 20m 初期支护主应力云图(分界面位于上台阶)

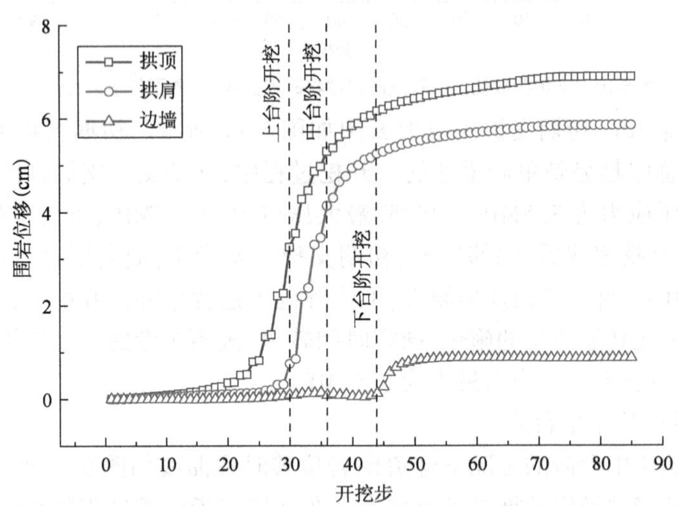

图 5-12　支护参数优化后隧道围岩位移时程曲线(分界面位于中台阶)

模型中部 20m 初期支护主应力云图如图 5-13 所示。初期支护的压应力随着隧道开挖总体趋势是单调增加的。开挖过程中,初期支护支护以压应力为主,上台阶最大压应力为 5.5MPa,中台阶最大压应力为 6.5MPa,下台阶最大压应力为

6.1MPa。开挖完成后，除仰拱外，初期支护主要受压，最大压应力位于拱肩部位，为14.2MPa。仰拱处拉应力较大，但实际施工过程中仰拱开挖支护完成后，立即进行底板填充和矮边墙的施作，裸露时间较短，故不予考虑。除仰拱外，整个初期支护的拉应力较小，拉应力最大为0.57MPa。

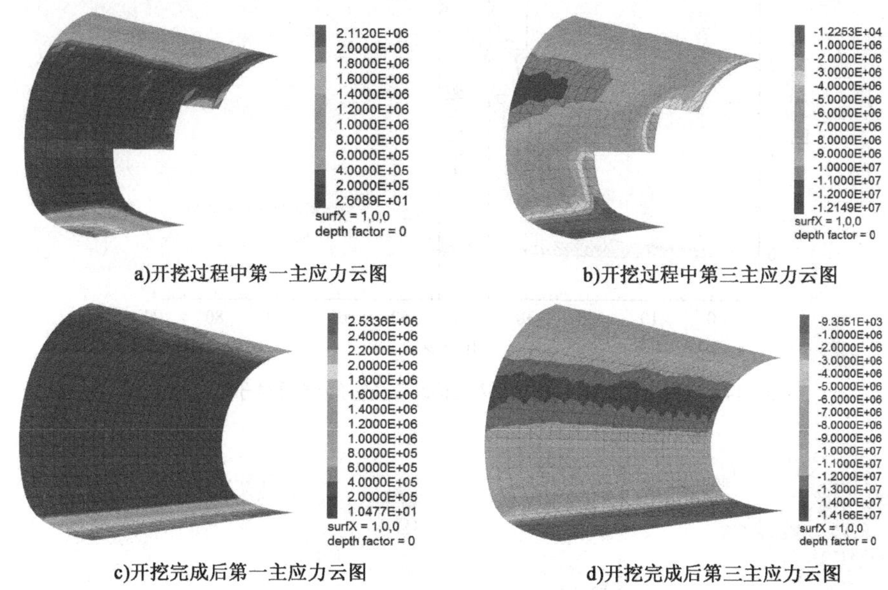

a)开挖过程中第一主应力云图　b)开挖过程中第三主应力云图

c)开挖完成后第一主应力云图　d)开挖完成后第三主应力云图

图5-13　隧道模型中部20m初期支护主应力云图(分界面位于中台阶)

(3)分界面位于下台阶

分界面位于下台阶的工况下隧道围岩位移时程曲线如图5-14所示。该工况下围岩位移随着掌子面的推进逐渐增加。在开挖掌子面通过监测断面后，洞周变形值有收敛的趋势。观察最后的变形量可知，拱顶沉降值最大，为6.9cm；其次为拱肩处，变形值为5.85cm；边墙处变形值最小，为0.8cm。拱顶位置在掌子面开挖之前已经产生了较大的变形，变形值为2.26cm，占总变形量的32.8%。故拱顶沉降受开挖扰动较为明显；上台阶开挖过程中，隧道周边变形较为较大。

模型中部20m初期支护主应力云图如图5-15所示。初期支护的压应力随着隧道开挖总体趋势是单调增加的。开挖过程中，初期支护支护以压应力为主，上台阶最大压应力为5.5MPa，中台阶最大压应力为6.5MPa，下台阶最大压应力为6.1MPa。开挖完成后，除仰拱外，初期支护主要受压，最大压应力位于拱肩部位，为14.2MPa。仰拱处拉应力较大，但实际施工过程中仰拱开挖支护完成后，立即进行底板填充和矮边墙的施作，裸露时间较短，故不予考虑。除仰拱外，整个初

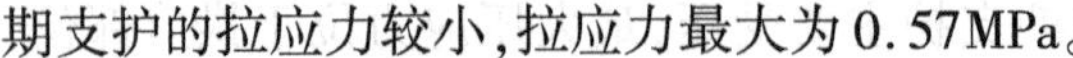

期支护的拉应力较小,拉应力最大为0.57MPa。

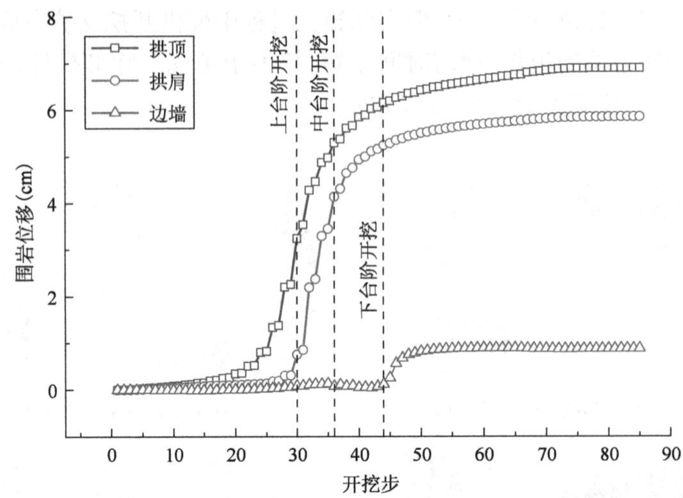

图5-14　支护参数优化后隧道周边位移时程曲线(分界面位于下台阶)

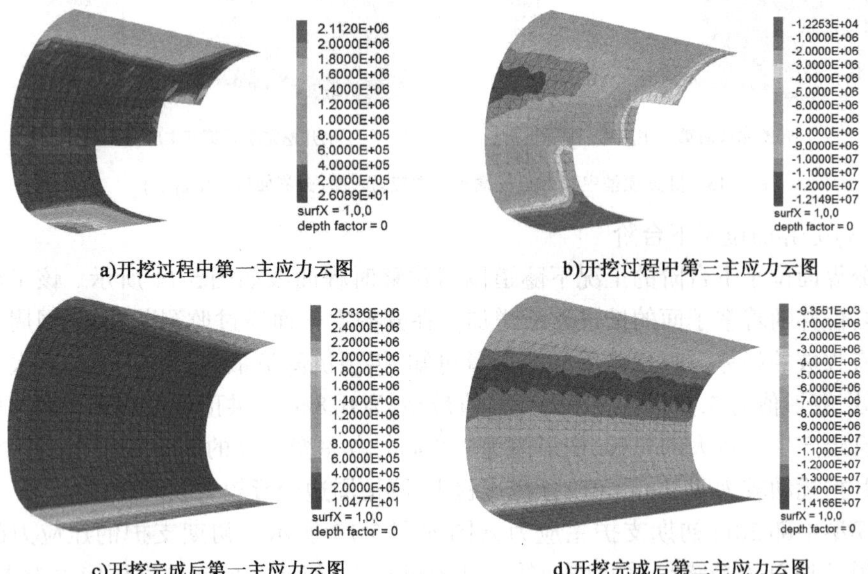

图5-15　隧道模型中部20m初期支护主应力云图(分界面位于下台阶)

(4)数值计算结果对比分析

提取3种工况下隧道洞周变形与初期支护最大压应力见表5-6。当接触带分界面位于上台阶时,隧道最大变形可达5.6cm,初期支护所受最大压应力可达

12.5MPa;当分界面位于中台阶时,隧道最大变形可达6.4cm,初期支护所受最大压应力可达13.4MPa。说明优化后的支护参数在接触带分界面位于上台阶和中台阶时是安全的。但接触带分界面位于隧道底部时,隧道洞周变形与初期支护所受最大压应力较大。综上所述,当接触带分界面位于中台阶以上时,建议采用优化后的支护参数,当接触带分界面位于中台阶以下时,建议采用原设计参数。通过数值模拟验证了优化支护参数的可行性。

参数优化后计算结果　　表5-6

接触带分界面位置	拱顶最大沉降(cm)	拱腰最大位移(cm)	拱脚最大位移(cm)	初期支护所受最大压应力(MPa)
上台阶	5.6	4.5	1.2	12.5
中台阶	6.4	4.8	1.9	13.4
隧道底部	8.8	5.5	4.2	16.7

5.3 现场应用与实施效果

通过上述数值模拟验证了动态施工工法的安全性,为进一步探究动态施工工法的可行性,在贾塬隧道施工现场选取2号区段(DK278+273~DK278+555)为试验段,该区间地层条件为红黏土—砂岩夹泥岩接触带,如图5-16所示。

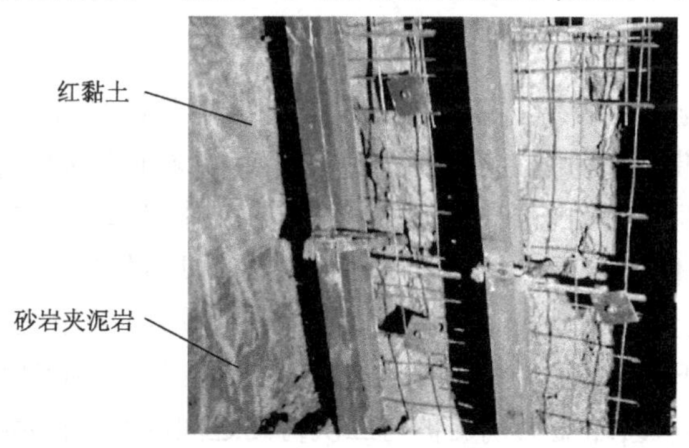

图5-16　接触带分界面现场情况

根据设计资料,该区段采用三台阶预留核心土法施工,上、中、下台阶尺寸分别为3.8m、3.6m、3.6m,采用动态施工工法对台阶高度进行调整,上、中、下台阶高度范围分别为:3.8~4.1m、3.45~3.6m、3.45~3.6m,并结合前述对台阶长度、循环进尺进行相应的调整,同时对原设计中支护参数进行优化。

动态施工法现场实际应用如图5-17所示。图中接触带分界面位于中台阶,中台阶为砂岩夹泥岩地层,按照前述动态施工工法设计,仅预留上台阶核心土。

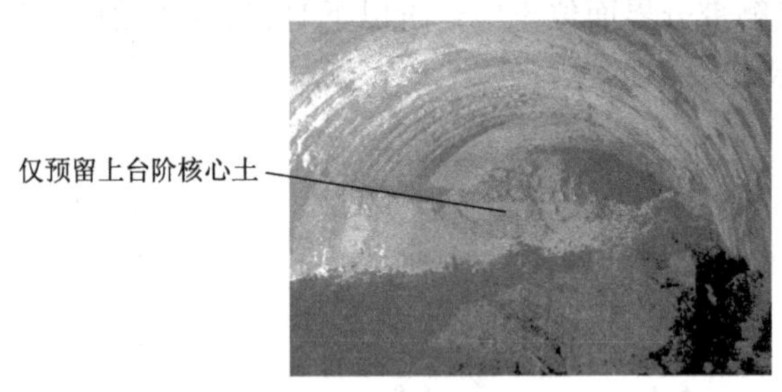

图5-17　现场应用

该区段为红黏土—砂岩夹泥岩接触带地层,采用动态施工工法后,掘进速度明显提升,从2.5m/d加快至3.5m/d;同时由于改变了台阶高度,避免了接触带分界面处易掉块、坍塌、拱脚下沉等问题,增加了施工过程中的安全性,提高了生产效率。

5.4 本章小结

本章结合黄土塬区贾塬隧道穿越不同岩性接触带的现场施工经验,总结了适合不同岩性接触带的现场施工工法及工艺流程。并在此基础上,提出了隧道穿越不同岩性接触带地层的动态施工工法,对隧道施工参数及支护参数进行了相应优化,在贾塬隧道的修建过程中起到了良好的成效。具体的研究成果如下:

(1)贾塬隧道穿越黏质黄土—红黏土接触带地层时采用三台阶临时仰拱法。在这种地层条件下,应紧随开挖及时跟进施作初期支护,加强钢架的纵向连接和拱脚处锁脚锚管的设置;缩短初期支护与二次衬砌之间的时间间隔,尤其是仰拱混凝土必须尽早填充封闭,防止断面变形挤入;加强监控量测,加强洞口截排水和洞内施工用水管理,确保排水畅通,防止黄土遇水湿陷。

(2)贾塬隧道穿越黏质黄土—砂岩夹泥岩接触带时采用三台阶临时仰拱法。

泥岩开挖暴露后遇到空气极易风化、剥落、掉块，因此，对这种围岩则要及时采取喷射混凝土进行封闭，尤其是拱部围岩。二次衬砌需及时施作，其距掌子面距离：Ⅳ级围岩不大于90m，Ⅴ级围岩不大于70m。

(3)隧道穿越红黏土—砂岩夹泥岩接触带时采用三台阶预留核心土法。在开挖的同时，在隧道拱部采用钻机打设3~5个径向钻孔，探知岩层层理分布及厚度，据此预测前方拱部围岩分布情况，发现岩石覆盖层厚度减小等异常则应及时调整施工方案及支护措施，确保施工安全。

(4)采用动态施工工法对隧道穿越不同岩性接触带的施工参数及支护参数分别进行合理优化，并采用数值模拟手段对优化参数的效果进行验证，而后应用至现场施工当中。采用动态施工工法可以明显改善隧道衬砌的应力集中现象，减少洞周变形，避免了接触带分界面处出现坍塌、拱脚下沉等问题，提高了隧道修建效率，保证隧道安全施工。

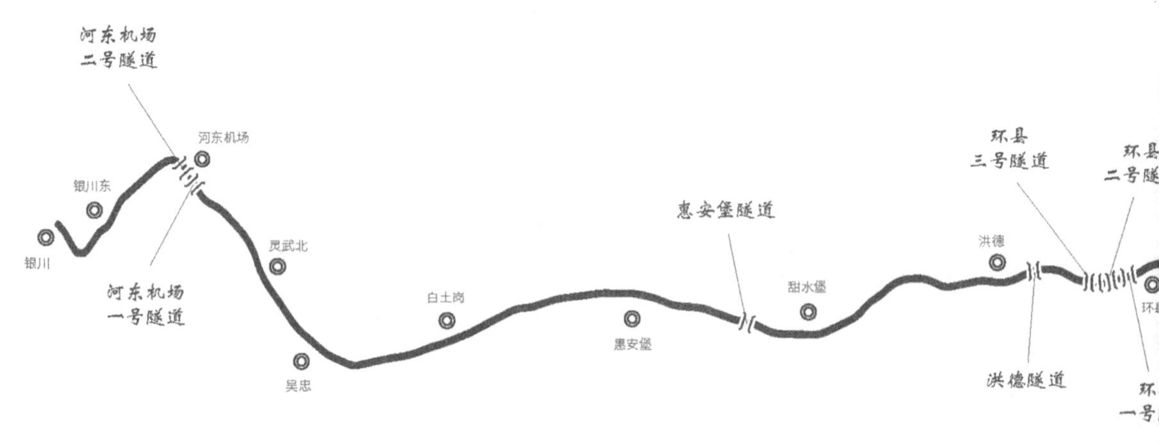

河东机场
二号隧道
河东机场
银川东
银川
河东机场
一号隧道
灵武北
吴忠
白土岗
惠安堡
惠安堡隧道
甜水堡
洪德
环县
三号隧道
环县
二号隧
洪德隧道

第6章
结论与展望

早胜
三号隧道
早胜
二号隧道
早胜
一号隧道
永乐隧道
西安北
庆城
庆阳隧道
小章隧道
庆阳机场隧道
田塬隧道
咸阳北塬
宁县
永平隧道
新永寿隧道
贯塬隧道
庆阳
千堡隧道
礼泉南
宁县二号隧道
彬县东
乾县
驿马隧道
彬东隧道
徐家店隧道
宁县三号隧道
永寿西
上阎村隧道
郭村隧道
岭上隧道
邵山隧道

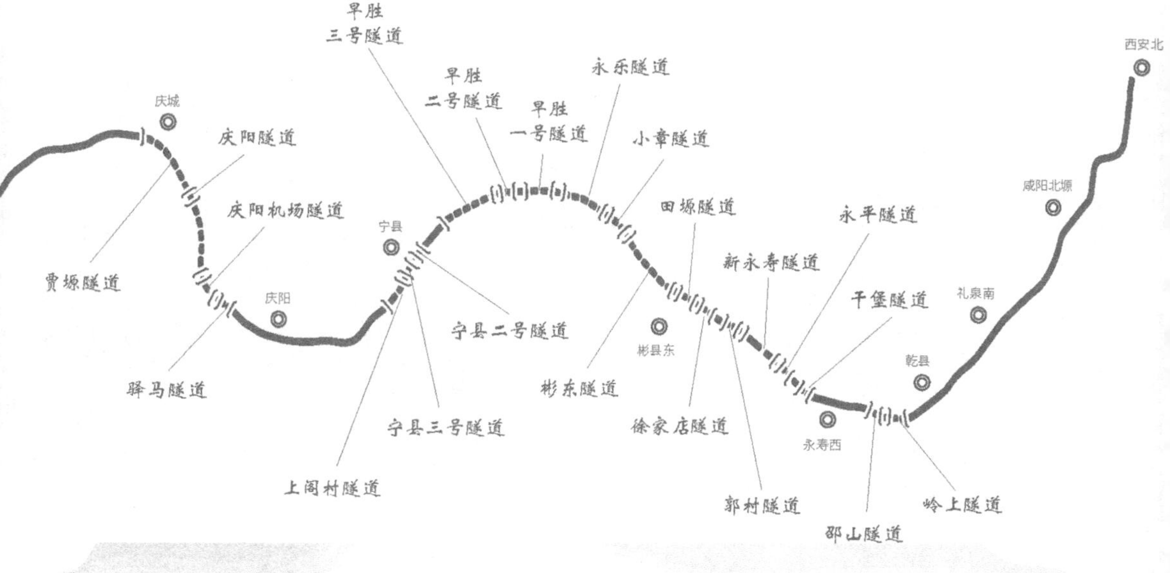

本书基于国内外大断面黄土隧道施工工法的调研,针对黄土塬区深层大断面隧道修建时面临的水文地质、工程地质问题,充分考虑隧道穿越湿陷性黄土、红黏土以及长段落不同岩性接触带的特点,依托于贾塬黄土隧道,采用数值模拟、模型试验、现场监测相结合的研究手段开展了一系列科学完整的研究。

6.1 结论

(1)利用数值模拟、模型试验方法探索了隧道开挖穿越不同岩性接触带时支护结构的力学特性和变形规律。结果表明支护结构的受力和变形主要受到接触带上部围岩的影响,上部围岩的工程性质越差则支护结构上部的受力和变形越大,现场监测的结果也反映了相似规律。同时对典型的红黏土—砂岩夹泥岩接触带地层进行更为细致的研究,当岩性分界面位于隧道的不同位置时,隧道断面各位置的竖向位移的最终稳定值差别明显,横向位移稳定值相差不大。且中台阶和下台阶收敛速度比拱顶沉降和上台阶收敛速度快。

(2)基于数值模拟对 3 种不同岩性接触带条件下分界面相对高度 h 的影响进行相关计算,并用分界面影响因子探讨了隧道支护结构受力和变形的临界影响高度,得出红黏土—砂岩夹泥岩接触带地层中的临界影响高度为 15m、黏质黄土—红黏土接触带地层为 20m,黏质黄土—砂岩夹泥岩接触带地层为 15m。

(3)基于数值模拟对穿越红黏土—砂岩夹泥岩、黏质黄土—红黏土、黏质黄土—砂岩夹泥岩 3 种不同岩性接触带类型地层进行开挖工法研究时,采用两台阶预留核心土法、三台阶法、三台阶预留核心土法、三台阶七步法和三台阶临时仰拱法分析不同隧道施工工法对围岩及隧道支护结构的影响。结合不同工法下的隧道支护结构力学变形特征情况的对比,建议在不同类型的岩性接触带地层下的适用施工工法为:红黏土—砂岩夹泥岩接触地层宜选用三台阶预留核心土法;黏质黄土—红黏土接触带地层宜选用采用三台阶临时仰拱法;黏质黄土—砂岩夹泥岩接触带地层建议选用三台阶七步法。并在此基础上研究了上台阶高度、施工循环进尺对围岩及支护结构的影响。研究表明在保证上台阶施工空间的基础上,应尽量减小上台阶的高度;循环进尺则应在保证施工进度和安全的基础上,选取适宜的循环进尺值。

(4)基于数值模拟和模型试验研究结果,分析了不同超前支护厚度、初期支护厚度、钢拱架间距等支护参数对隧道支护体系效能发挥的影响。研究表明,初期支护厚度和钢拱架间距对洞周位移的控制效果不明显,但是增大初期支护厚度和缩小钢拱架间距对支护的结构应力控制是直接有效的。超前支护厚度主要对拱顶沉降有一定控制作用,对拱腰的位移控制效果有限。

(5)结合现场施工经验,提出了隧道穿越不同岩性接触带地层的动态施工工法,对隧道施工参数及支护参数进行了相应的优化,并利用数值模拟手段对优化参数的效果进行验证。结果表明,动态施工工法可以明显减小洞周位移,提高了隧道修建效率,保证了隧道安全快速施工。

6.2 展　望

(1)国内外针对黄土隧道修建技术开展了大量研究,但对于黄土地层穿越不同岩性接触带时的修建技术问题仍未形成系统性知识体系和完整施工技术理论。且隧道在穿越黄土塬区不同岩性接触带时的局部围岩变形特征与岩性接触带性质息息相关,岩性接触带的工程力学特性对隧道围岩稳定性和支护体系的影响尚未得到足够的关注。因此可以进一步研究土质接触带、岩石类接触带等不同接触带力学性质对隧道开挖后围岩的力学特性的影响。

(2)在已建的大断面黄土隧道的修建过程中,尽管很多专家学者对传统的中隔壁法(CD法)、台阶法等开挖技术进行了优化和改进,但由于新黄土地层在变形较小时,具有直立性较好、自承能力较强、在结构破坏之后变形迅速增大等特点,在开挖过程中,传统工法对新黄土地层变形的控制效果仍十分困难。因此可以在传统工法的基础上研究适用于穿越不同岩性接触带时黄土隧道的开挖工法,并将其体系化、参数化,获得更适用于黄土隧道的开挖工法。

(3)本书主要研究了超前支护厚度、初期支护厚度、钢拱架间距等单一参数对隧道支护结构效能发挥的影响,但未考虑多种支护参数共同作用下对黄土隧道穿越不同岩性接触带时支护体系的影响。因此可以通过正交实验对多种不同支护参数组合效果进行相关研究,以期获得穿越不同岩性接触带时隧道合理完整的支护体系。

参考文献

[1] 何金峰.土石分界地层隧道开挖围岩与支护结构稳定性分析[D].长沙:中南大学,2011.

[2] 于介.红粘土与砂岩夹泥岩接触带隧道合理施工工法研究[J].现代隧道技术,2021,58(02):174-181.

[3] 郭增玉,刘守慧,张朝鹏.高湿度 Q_2 黄土的非线性流变本构模型及参数[J].地下空间,2001(02):94-99,157-158.

[4] ROGERS C D F, DIGKSTRA I, SMALLEY I J. North america and europe in memory of jan sajgalik[J]. Engineering Geology, 1994, 37(2) : 83-113.

[5] 苗天德,刘忠玉,任九生.湿陷性黄土的变形机理与本构关系[J].岩土工程学报,1999(04):383-387.

[6] 乔春生,管振祥,滕文彦.饱水黄土隧道变形规律研究[J].岩土力学,2003(S2):225-230.

[7] 梁燕,赵桂娟,谢永利,等.黄土增湿变形的数值模型[J].建筑科学与工程学报,2007(03):43-46.

[8] 刘祖典.黄土力学与工程[M].西安:陕西科学技术出版社,1997.

[9] 周凤玺,米海珍,胡燕妮.基于广义塑性力学的黄土湿陷变形本构关系[J].岩土力学,2005(11):132-137.

[10] 夏旺民,郭增玉.黄土弹塑性损伤本构模型基本构架研究[J].岩土力学,2007,28(S1):241-243.

[11] 翁效林,王俊,王立新,等.黄土地层浸水湿陷对地铁隧道影响试验研究[J].岩土工程学报,2016,38(08):1374-1380.

[12] 黄训洪.黄土隧道地基纵向局部湿陷对结构的力学行为影响研究[D].成都:西南交通大学,2017.

[13] 邵生俊,陈菲,邵帅.黄土隧道地基湿陷变形评价方法探讨[J].岩石力学与工程学报,2017,36(05):1289-1300.

[14] 赵占厂.黄土公路隧道结构工程性状研究[D].西安:长安大学,2004.

[15] 王强,邵生俊,陆斯,等.西安地铁明挖黄土隧道湿陷变形工程特性分析[J].地下空间与工程学报,2014,10(S1):1640-1645.

[16] 李宁,朱运明,谢定义,等. 大断面饱和黄土隧洞成洞条件研究[J]. 岩土工程学报,2000(06):639-642.
[17] 赵占厂,谢永利,杨晓华,等. 黄土公路隧道衬砌受力特性测试研究[J]. 中国公路学报,2004(01):70-73.
[18] 来弘鹏,谢永利,杨晓华. 黄土公路隧道受力特性测试[J]. 长安大学学报(自然科学版),2005(06):53-56.
[19] 赖金星,王开运,来弘鹏,等. 软弱黄土隧道支护结构力学特性测试[J]. 交通运输工程学报,2015,15(03):41-51.
[20] 王明年,郭军,罗禄森,等. 高速铁路大断面深埋黄土隧道围岩压力计算方法[J]. 中国铁道科学,2009,30(05):53-58.
[21] 杨建民,喻渝,谭忠盛,等. 大断面深浅埋黄土隧道围岩压力试验研究[J]. 铁道工程报,2009(02):76-79.
[22] 来弘鹏,郑甲佳,谢永利. 黄土地区浅埋暗挖地铁隧道围岩压力特征研究[J]. 铁道学报,2012,34(03):99-104.
[23] 来弘鹏,刘苗,谢永利. 黄土地区浅埋暗挖三连拱地铁隧道围岩压力特征研究[J]. 岩石力学与工程学报,2011,30(S1):3103-3111.
[24] 赵勇. 隧道围岩动态变形规律及控制技术研究[J]. 北京交通大学学报,2010,34(04):1-5.
[25] 赵东平,喻渝,王明年,等. 大断面黄土隧道变形规律及预留变形量研究[J]. 现代隧道技术,2009,46(06):64-69.
[26] 扈世民,张顶立,郭婷,等. 大断面黄土隧道变形特征分析[J]. 铁道学报,2012,34(08):117-122.
[27] 席浩,李绪干,时坚,等. 宝兰铁路苏家川大断面黄土隧道三台阶施工变形控制技术[J]. 隧道建设,2014,34(07):679-684.
[28] 薛晓辉,张军,宿钟鸣,等. 山岭公路隧道富水黄土地层注浆加固技术[J]. 辽宁工程技术大学学报(自然科学版),2016,35(03):278-282.
[29] 黄帆. 黄土隧道富水地段施工地质灾害注浆加固技术研究[D]. 西安:长安大学,2016.
[30] 石常艳. 浅谈隧道土石分界段施工技术[J]. 黑龙江科技信息,2017(07):198-199.
[31] 王丽庆. 穿越土石界面富水的单线隧道设计与施工[J]. 石家庄铁道大学学报(自然科学版),2013,26(S2):288-290,294.
[32] 秦利平. 浅析大断面铁路隧道土石分界地段施工技术[J]. 建设科技,2016

(11):157-158.

[33] 朱望瑜. 太中银铁路土石分界地层隧道裂隙水注浆施工[J]. 山西建筑,2010,36(30):348-350.

[34] 朱望瑜. 太中银铁路土石分界地层隧道施工工艺参数选择和优化[J]. 现代隧道技术,2010,47(05):90-97.

[35] 熊良宵,杨林德. 隧道开挖面接近地质界面时围岩位移特征及其影响因素分析[J]. 中国铁道科学,2009,30(01):61-68.

[36] 汪宏,蒋超. 浅埋偏压隧道洞口坍方数值分析与处治[J]. 岩土力学,2009,30(11):3481-3485.

[37] 赵艳纳,何俊辉. 基于 FLAC 3D 的破碎带对四方山隧道围岩稳定性影响分析[J]. 西部交通科技,2013(05):70-73.

[38] 傅洪贤,牛晓凯. 大跨度超浅埋复杂岩层隧道爆破开挖方案研究[J]. 工程爆破,2005(04):32-34.

[39] 戚长军,佘芳涛,邵兵厂. 隧道围岩变形及其衬砌内力特征研究[J]. 水利与建筑工程学报,2010,8(02):94-96,116.

[40] 刘应亮. 大管棚在厦门海底隧道不良地段施工中的应用[J]. 石家庄铁路职业技术学院学报,2008(S1):68-76.

[41] 李雪峰,尚应超,张斌,等. 隧道穿越不同岩性接触带支护应力及变形分析[J]. 施工技术,2019,48(S1):605-610.

[42] 赵文娟,吴波. 上软下硬地层隧道围岩稳定性量化评价标准研究[J]. 建井技术,2017,38(01):35-38,47.

[43] 王磊,徐丽芬. 偏压隧道围岩压力与初期支护受力数值分析[J]. 路基工程,2009(06):156-158.